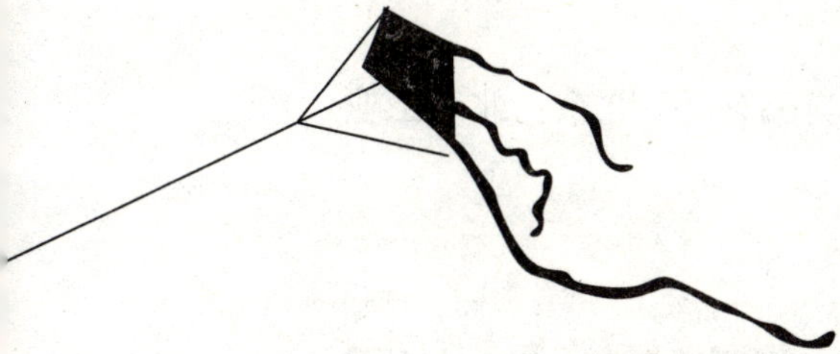

做让孩子敬佩的父母

柴一兵 编著

北京工业大学出版社

图书在版编目（CIP）数据

做让孩子敬佩的父母 / 柴一兵编著 . —北京：北京工业大学出版社，2015.6

ISBN 978-7-5639-4340-1

Ⅰ. ①做… Ⅱ. ①柴… Ⅲ. ①家庭教育 Ⅳ. ① G78

中国版本图书馆 CIP 数据核字 (2015) 第 113286 号

做让孩子敬佩的父母

编　　著：柴一兵
责任编辑：刘学宽
封面设计：尚世视觉
出版发行：北京工业大学出版社
（北京市朝阳区平乐园 100 号　邮编：100124）
010-67391722（传真）　bgdcbs@sina.com
出 版 人：郝　勇
经销单位：全国各地新华书店
承印单位：北京天正元印务有限公司
开　　本：787 毫米 ×1092 毫米　1/16
印　　张：18
字　　数：201 千字
版　　次：2015 年 7 月第 1 版
印　　次：2015 年 7 月第 1 次印刷
标准书号：ISBN 978-7-5639-4340-1
定　　价：29.80 元

前　言

在孩子看来，父母是他们的榜样。孩子的很多行为或特质都是从父母身上学来的。可以说，父母是孩子的第一任老师。父母的一举一动对孩子的成长有着重要的影响。要想让孩子听自己的话，父母首先要做到让孩子佩服。

然而，现实中的很多父母并没有意识到这一点。这对孩子的成长是不利的。为了更有效地帮助孩子成长，父母应努力成为孩子的榜样，让自己在孩子心中成为优秀的人。本书要做的就是为父母提供成为孩子榜样的方法。

本书共有十章。每一章都对应着一个主题，向父母详细阐述如何让孩子敬佩自己。内容上不仅涵盖了性格、品质、学习等方面，还包括了人际交往、逆商教育等内容，帮助父母在孩子心目中成为优秀的人。每一章都有数个小节，针对这一章的主题，进行详细的分析，帮助父母理解和借鉴。

本书最大的特点是章节安排新颖合理、内容丰富、易于理解和借鉴。

从本书的结构来看，对各方面的问题做了分析，还通过总章帮助父母理解作为孩子的榜样的重要性。这样有助于父母接受之后的内容。每一个小节的题目都从细节出发，阐释很详细，让父母更容易借鉴并知道从何入手。书中还插入了贴近生活的故事和对故事的分析，以帮助父母借鉴所提供的方法。

父母只有在孩子的心目中成为榜样，才能做到以自己的行为引导孩子健康快乐地成长，让孩子成为优秀的人，拥有更美好的人生。因此，从现在开始，父母要努力做到更好，成为让孩子敬佩的父母。

目 录

第一章 做一个让孩子佩服的父母

第二章 父母道德高尚，孩子更善良

第三章　父母爱学习，孩子成绩好

第四章　父母能力强，孩子更独立

第五章　父母会控制情绪，孩子受益大

第六章　家庭气氛好，孩子的心理更健康

第七章 父母逆商高，孩子更坚强

第八章 父母善表达，孩子沟通能力强

第九章　父母会处事，孩子社交能力强

第十章　父母有理想，孩子有追求

第一章 做一个让孩子佩服的父母

父母有责任感，孩子更愿意亲近你

家庭教育是伴随孩子一生的教育，大多数父母很重视家庭环境对孩子的影响。他们不仅努力为孩子提供良好的生活环境，而且很注重对孩子行为习惯和思想品德的培养。但是，因为缺少科学的方法，许多父母对孩子的教育并不成功。有的父母甚至会做出对孩子体罚的行为。这样会使父母和孩子的关系也受到影响，使父母在孩子心目中的地位下降。其实，对于许多教育经验不足的父母来说，最好的方式就是成为让孩子佩服的父母，而不是做让孩子害怕的父母。

那么，怎样才能成为让孩子佩服的父母呢？这就需要父母具有家庭责任感，能够时刻以家庭为中心。但是，现在越来越多的家庭成为双职工家庭。父母为了工作常常很早就去上班，很晚才会回来。由于无暇照顾幼小的孩子，许多家庭会选择请保姆或者让长辈来照看。保姆和长辈虽然可以代替父母照顾孩子的饮食起居，给予孩子很多关爱，却无法满足孩子所有的感情需求，更无法代替父母在孩子心中的位置，显然大多数父母并没有意识到这一点。

孩子的成长是离不开爸爸妈妈的陪伴的。那些为了工作，长时间不回家探望的父母一心只想着改善家里的收入状况，却不知道孩子幼小的心灵才是最应该被呵护的。电视上经常会报道有关留守儿童的新闻。那些小小年纪就和父母分开居住的孩子无法得到父母在思想及价值观念上的引导和帮助，成长的过程中缺少了父母的关心和爱护，这些都会对孩子健康性格和良好思想的养成产生不良的影响。

小兵今年11岁，读五年级。在学校里，小兵是个出了名的“小霸王”。他上课不认真听讲，还经常和同学打架，老师们都拿他没办法。他的朋友也很少，经常在学校里独来独往。

原来，小兵的父母在他6岁时就离开家乡外出打工了。只有每年的春节才会回家，年幼的小兵只能和爷爷奶奶一起生活。爷爷奶奶年纪大了，他们不懂得什么家庭教育，只知道让孙子每天吃好穿暖。

没有父母在身边，小兵的学习无人监督，渐渐地就懈怠了，开始逃课上网。老师打电话把这些情况告诉了小兵的爷爷奶奶，爷爷奶奶知道后却无能为力。远在外地的父母得知孩子的情况后虽然心里着急，但是又不能请假回家，所以也只能拜托老师和学校多加管教。

逃课上网后，小兵更加不爱学习，脾气也很暴躁，经常和同学们打架。学校多次警告小兵，却总是收效甚微，最后没有办法，只能把他开除。

故事中的小兵是个可怜的孩子，他变得脾气暴躁和难以管教，这和平时缺少父母的陪伴是有很大关系的。生活中，有很多父母抱着和小兵父母一样的心态：只要能改善家里的经济状况，即使不能陪在孩子身边也可以接受。他们并不知道，孩子长期由爷爷奶奶照看的这类隔代抚养与父母直接抚养相比，更容易让孩子形成自私、任性的性格。这是因为，现在的家庭多为独生子女，长辈在照顾孩子时会更加疼爱。这正如大家通常所说的：含在嘴里怕化了，捧在手里怕摔了。孩子犯了错，长辈们也不会责备，反而还会百般维护。在这种溺爱的环境中长大的孩子，很容易会变得以自我为中心，做事也不会考虑他人的感受。

有的家庭孩子虽然是由父母直接抚养，但是因为父母白天工作很累，回到家里只想休息就会忽视对孩子的关心。有一项调查显示：有60%的父母每天和孩子相处的时间至少可以达到四个小时。在此期间，有40%的父母陪着孩子看电视，20%的父母会辅导孩子的学习，父母和孩子真正交流的时间其实不足半小时。而这仅有的半小时，大多数的话题也和学习有关。父母都希望自己的孩子听话、懂事、努力学习，所以对孩子说话时也会经常用教育性的口吻，很少与孩子谈心。孩子在学校里遇到的挫折或者生活中产生的烦恼无法与父母诉说，长久地压抑在心里对于自己的心理健康造成很大的影响。

一个完整的家庭需要成员们共同去经营，为这个家贡献自己的一分力量。父母认为自己给孩子提供了优越的物质生活就是很好地养育了孩子的想法是不正确的。

有些父母或许会觉得：孩子上了学就有学校的老师来教育，自己反正也帮不上忙，不如多挣些钱来改善孩子的物质生活。这些父母都忽视了家庭教育的长期性和重要性。孩子虽然已经上了学，家庭教育依旧不能懈怠，因为学校并不能教会孩子一切。

李丽是一名公务员，有一个上小学的女儿多多。每天她都会早早起床为多多准备可口的饭菜。晚上回到家后，虽然一身疲惫，她还是要先检查多多的作业是否完成，遇到多多不会写的题目，她还会耐心讲解。吃完饭还会和孩子一起散步聊天，了解孩子在学校的学习情况。在一次散步的时候，多多告诉妈妈，自己和好朋友吵架了，心情很不好。李丽了解事情的经过后才知道，原来多多埋怨自己的好朋友和别人走得太近，疏远了自己。李丽对多多说：

“好朋友之间出了问题不能只想着埋怨对方，而是应该多进行沟通，有时候好多矛盾都是因为小小的误会而产生的。明天去学校记得和你的朋友好好聊一聊，看看究竟是什么地方出了问题，好吗？”多多听完点了点头。

第二天，多多回家后告诉妈妈，确实是自己误会了好朋友，并且也向朋友道了歉，朋友也原谅了自己，两个人和好如初。李丽对女儿的做法很赞赏。

故事中的李丽是一名很有责任感的母亲，虽然自己的工作很忙，她却没有以此为借口而疏于对女儿的教育和关心。而是在得知女儿的烦恼之后积极地和女儿进行沟通，并且给女儿提供了解决问题的方法，女儿在她的帮助下和朋友解除了误会。试想一下，如果没有李丽的帮助，多多有可能会和好朋友真的决裂，自己也会承受很大的心理压力。所以，父母不应该总以工作忙、没时间来作为理由，而是应该向故事中的李丽学习，多和孩子聊天，知道他们生活中有什么烦恼，并尽可能帮助孩子解决这些问题。

总之，要想成为有家庭责任感的父母，就一定要多花时间陪伴孩子，多和他们进行交流。当然父母在和孩子交流时要掌握沟通的技巧，尽量避免用命令式的口吻，要把自己当作孩子的朋友。和孩子多聊天，了解他们在学校的学习情况，也可以询问孩子的人际交往状况，为其解决一些和同学之间的小矛盾，教会他们一些和别人相处的方法。

周末的时候，可以带着孩子进行一些户外活动，比如爬山、郊游等。这样不仅能放松身心，还可以增进亲子关系。在孩子的学习方面，父母要多和老师进行沟通，及时掌握孩子的学习情况。当孩子在学习中遇到困难时，父母可以在家里有目的地对孩子进行辅导，并帮助他们养成良好的学习习惯。父母要做生活中的有心人，既要照顾孩子的生活，也要呵护他们的心灵，这样才能真正成为让孩子佩服的父母。

提升人格魅力，让孩子佩服

作家老舍曾经在《我的母亲》一文中写道：“从私塾到小学，到中学，我经历过起码有二十位教师吧，其中有给我很大影响的，也有毫无影响的，但是我的真正的教师，把性格传给我的，是我的母亲。母亲并不识字，她给我的是生命的教育。”这说明父母的魅力和他的文化水平、职位高低无关，而是与他对于事物的判断能力、与他人的相处能力、对待挫折的应对能力等品质有重要关系。

有的孩子之所以不听父母的话，和父母对着干，主要就是因为父母的人格魅力不足。所以，作为父母，要想教育好孩子，自己必须首先具备人格魅力。这样才能吸引孩子，孩子自然也会受到父母人格魅力的熏陶，佩服父母。

有位心理学家曾经对考入全国知名院校的高考状元做过这样一个调查，很多孩子说自己之所以能够在学业上取得成功，很大原因是受父母人格魅力的影响。这些状元大多数来自工人和一般职员的家庭中，很多父母并没有多高的文化，但是他们在做人方面却很成功。其中一位文科状元说：“父母对我的品德培养很重视，我的考试成绩不理想他们并不会责怪我，但是如果我在做人的方面出了问题，父母不仅会严厉批评，还会对我时时监督，生怕我再犯同样的错误。”从这位状元的话语中可以看出，父母自己拥有好的人格，那么他们对于孩子人格的培养也会严格要求。

家住大连的宋清有一个刚上小学的女儿，因为家里条件不好，所以住了十几年的房子却从没有装修过，家具也是宋清结婚时买的。宋清和自己的妻子都酷爱读书，两人的工资除了生活开销，基本都用来买书。家里的书柜被各种各样的书填得满满的，也成为一家人最珍惜也是最爱光顾的东西。到了周末，别的家庭会去郊游或者逛商场，宋清一家则是用读书来缓解一周的工作和学习压力。

宋清经常对女儿说：

“爸爸希望你能做一个勇敢善良的孩子，凡事都能尽自己最大的努力。学习成绩很重要，但是爸爸更希望你能拥有优秀的品质。”

女儿在父母的影响下也很喜欢读书，别的女孩都要求爸爸妈妈给自己买吃的买穿的，宋清的女儿却很少提这样的要求。有人问她喜不喜欢洋娃娃时她会说：

“我当然喜欢洋娃娃，可是爸爸妈妈已经把最好的东西给了我，读书让我很快乐，所以即使没有洋娃娃，我也很满足。”看着自己的女儿这么优秀，宋清感到很骄傲。

例子中的宋清是一位有人格魅力的父亲，尽管他不能为女儿提供很好的物质生活，但是却为女儿积攒了许多精神财富。所以女儿在他的教导下也有着优秀的思想品德，学习成绩也很不错。生活中有许多家庭家境不错，家里装修得也很豪华，各种高档的家具一应俱全，但是却很难看到一本书、一支笔。这样的家庭对孩子的学习习惯和人格的养成远远不及宋清那个没有装修却藏满了图书的小家。

父母的人格魅力实际上也决定了孩子的人格魅力，因为父母的一举一动都是孩子模仿和观察的对象。假若父母在平时对自己要求严格，热爱家庭，工作负责，那么孩子无形中就会变得和父母一样。相反如果父母对待工作态度马虎、懒惰拖延，没有自己的人生规划、不思进取，那么生长在这样的家庭环境下的孩子耳濡目染也会变得不求上进、得过且过。

人格魅力是每一位父母都渴望具有的，但这需要不断地学习和历练才能成就。要想成为具有人格魅力的父母，父母要做到以下几点：

1. 要做到心胸开阔，微笑待人

雨果曾说：世界上最宽广的是大海，比大海更宽广的是天空，比天空更宽广的是人的胸怀。父母如果想要把孩子培养成一个处事大方的人，自己首先就要做到心胸开阔，不过分计较个人得失。自私自利的人往往会被大众孤立。如果父母在孩子面前总是锱铢必较、凡事只想着自己，那么孩子也必然会总是以自我为中心，这样其实并不利于孩子以后的发展，反而还会影响他们的人际关系。所以父母可以有意识做些开阔心胸的训练或者培养自己远大的生活目标，当人的眼光看向前方时就不会计较眼前的得失，对待事情也会更多地长远的大局考虑。对人微笑不仅会让他人心情愉悦，同时也彰显了自己的自信。父母平时在家不妨多笑一笑，既可以放松身心又调节了家庭气氛，使家人相处得更为融洽。

2. 要有敏捷的思维和判断力

一个人如果能够对周围的环境和事物做出灵敏的反应和正确的判断，那他就会在其他人心中成为一个有威信的人，也会有很大的人格魅力。但是这种思维并不是天生的，需要人们从生活实践中不断地积累和总结。父母如果想要增加自己的人格魅力，就要在平时的生活中训练自己的思维并培养自己的判断力。比如做一些灵敏度较高的球类运动，通过肢体和脑力活动的结合来提高自己的逻辑思考能力。做某件事情前要做好充分的准备，这样才能让自己在遇到意外情况时做出及时的反应，事后再多加分析和总结，找到问题的根本原因，这样以后再出现类似的情况就能做出正确的判断。如果孩子看到自己的父母能够迅速有效地解决生活或者工作的难题，必然会对父母崇拜、佩服。

3. 能够管理好自己的情绪

情绪是人们在面对客观的事情时所做出的最直接的反应。良好的情绪能够为人们的学习和工作提供动力，而不良的情绪则会影响人们的身心健康，让人们做出不理智的行为。比如有的父母在看到孩子做错事情后，由于控制不住自己的情绪就会打骂孩子，殊不知，这样既教育不了孩子，反而还伤害他们的自尊心。所以父母要主动去控制自己的情绪，遇到让自己不高兴的事情要冷静看待，积极寻找解决的办法，而不是向别人发脾气，毕竟生气是解决不了任何问题的。一个家庭，如果父母都是有涵养的人，他们的孩子也必定不会脾气暴躁。

父母具有很高的人格魅力，孩子也会受其影响而变得更加优秀，也会更加佩服自己的父母。

父母重身教，孩子有榜样

古希腊哲学家柏拉图曾说：“人的一生，最开始的部分也是最重要的部分，特别是在稚嫩的小孩身上。因为在一开始，他们对什么都没有印象，大脑是一片空白，我们的习惯和思维很容易影响到他们。”作为孩子的第一任老师，父母深知家庭教育对孩子成长的重要性，所以大多数父母都会在孩子很小的时候就有意识地训练孩子。比如让孩子早睡早起养成好的生活习惯，又比如教孩子一些简单的汉字为以后的学习做准备。

父母把焦点全放在了如何教育孩子上，却没有意识到自己其实是孩子学习的主要对象。父母的一言一行都是孩子模仿的对象。孩子从小养成的习惯大多和自己父母的习惯相似。言传身教的道理相信父母们都理解，但真正能够做好的父母却很少。大多数父母还是习惯对孩子进行言语上的教育，所以当父母在责骂孩子不爱学习时可以反观自己是不是喜欢学习，当孩子爱说脏话时，反思一下是不是自己平时就经常说脏话。

盼盼今年10岁，上小学五年级。作为家里的独生女，父母对盼盼的要求很严格。

平时，爸爸经常对盼盼说：

“盼盼，你一定要好好学习，平日里多看书，以后考个好大学才能找上好工作啊。”妈妈也总是对她说：

“盼盼，爸爸妈妈辛苦工作都是为了你，所以你一定要努力。”听完爸爸妈妈的话，盼盼在心里暗下决心，努力学习，不辜负父母的期望。

然而没过多长时间，盼盼想要好好学习的决心就动摇了。原来，虽然爸爸妈妈经常要求她写完作业后多看书，但是他们却在每次吃完晚饭后就在客厅里看电视节目，一直看到很晚才睡。在卧室看书的盼盼经常被电视里的声音吸引。因为想要看电视节目，盼盼经常草草写完作业就跑去客厅。可是妈妈却训斥她：

“你的任务是学习，不要把心放在看电视上。快回卧室看书去。”

盼盼委屈地回到卧室，心不在焉地看书。她想：爸爸妈妈总是让我好好学习，自己却在看电视，为什么对我这么严格。在这种心理的影响下，盼盼的学习效率大打折扣，成绩也不如从前。

例子中，盼盼的父母就是“重言传轻身教”的典型。虽然嘴上总是要求女儿好好学习，但是自己却在行动上不思进取，还在孩子学习的时间里看电视，孩子生活在这样的家庭环境里又怎么能专心学习呢？

上面的故事从反面证明了父母的行为举止对孩子有很大的影响。其实，这样的例子在我们的生活中是很常见的。可以说，孩子身上的一些不良行为或者毛病往往反映了其父母的一些思想和行为。有的父母不仅没有制止孩子看电视，而且和孩子一起看只适合成年人观看的节目，这样会造成孩子盲目模仿，让他们学到一些不好的行为习惯。孩子上学都会学习过马路要“红灯停、绿灯行”，但是有些父母和孩子一起过马路只要没有汽车就横穿马路，完全不管红绿灯，时间久了孩子以后独自出门也会不看红绿灯。这样一不小心还会威胁孩子的生命安全。父母的不良示范带给孩子的有可能是一辈子的影响，如果孩子在很小的年纪就养成不好的习惯，长大以后也是很难改变的。

经常听到一些父母说：“自己已经老了，再怎么努力也没用了，只能把希望寄托在孩子身上了。”这话听起来似乎很有道理，但是事实真的是这样吗？其实，不管父母的年纪有多大都不应该放弃努力，实现梦想并不是年轻人的专利，中年人和老年人同样可以。把希望寄托在孩子身上，是父母为自己不想继续奋斗寻找的借口。父母如此懒惰，又怎么去要求孩子努力奋斗呢！

相反，父母如果是积极向上的正面榜样，对于孩子潜移默化的影响是巨大的。

印度著名诗人泰戈尔小时候曾因成绩不好而被学校开除。他的父亲知道后把他带回家里。但是父亲并不想让自己的孩子就这么放弃自己，于是决定亲自教育泰戈尔，以自己的示范作用来影响他。

每天早晨，父亲会把泰戈尔早早叫醒，父子俩一起在房间里背诵古诗。用过早餐之后，父亲会让泰戈尔坐在椅子上静静地听自己朗读经文，然后再一块去花园里散步。散步时，父亲会给泰戈尔讲述各种自然科学知识，泰戈尔也会和父亲一起讨论不明白的地方。回到房间后，父亲还会教泰戈尔学习英文，到了晚上，看着漫天的繁星，父亲又会给泰戈尔讲述天文学的知识。随着时间的推移，泰戈尔逐渐养成了勤于学习的好习惯，他的求知欲也越来越浓。父亲把自己的藏书展示给泰戈尔看，并和他一起阅读经典名著。饱览群书之后，泰戈尔在自己的努力下写出了第一部诗剧。

例子中泰戈尔的父亲在得知自己的孩子被学校退学后，没有单纯地从语言上教育泰戈尔，而是通过实际行动，比如和孩子一起早起背书、饭后一起散步等帮助孩子养成良好的生活和学习习惯。要想让孩子爱上学习就和孩子一起学习。泰戈尔的父亲就为自己的孩子树立了良好的榜样，不仅成功地让泰戈尔爱上了学习，从小养成的好习惯最终帮助泰戈尔成为一代文豪。

我们应该从泰戈尔的父亲教育方法中受到启发，做一个善于学习和动脑的父母。父母的言行对于孩子来说就像一位无声的老师。所以在孩子面前，父母更要注意生活中的小细节。如果想要孩子具有较高的社会公德和良好的思想品德，父母首先就要成为这样的人；想要孩子积极进取，奋斗努力，父母就要给予示范。童话作家郑渊洁就曾说：父母自己做出了成就是给孩子施加压力的最好方法。孩子也会效仿父母走出成功的人生之路。可见，只要父母严格要求自己，努力为自己的事业奋斗并取得很好的

成就，那么父母这种积极进取的精神状态就会在无形中影响孩子，督促孩子。

父母以身作则，为孩子营造健康向上的家庭氛围，不仅可以把孩子培养得更加优秀，更会成为让孩子佩服的父母。

父母有威信，孩子更信服

如今，越来越多的父母都在抱怨孩子难管教、不听话。不仅不听话，现在孩子的脾气也很大。他们做错事，父母如果稍微批评几句就会引来他们的不悦。有的孩子甚至还会顶撞父母，或者干脆离家出走。父母当然不愿意看到自己的孩子变成这样，所以总是想方设法地给孩子提供好的生活和学习条件，也努力地引导孩子的行为规范。可是不管父母多么努力却总是发现自己的教育似乎在孩子身上不起作用。明明昨天才因为做错事受到惩罚，今天又会犯相同的错误。父母的教育被孩子当成耳旁风。为什么会出现这样的情况，是现在的孩子越来越胆大吗？仔细观察不难发现，孩子之所以对父母的话置若罔闻，归根结底是因为父母在孩子面前没有威信。

父母的威信主要表现在：孩子对于父母提出的要求能够自愿地毫不勉强地接受，并且信赖、尊重父母。父母的威信对于孩子来说就像一种无形的力量时刻在鞭策监督着自己，也是自己自觉接受教育的重要条件。一般来说，越是有威信的父母，他们在教育子女时收到的效果越好。相反，那些没有威信的父母在教育子女时却总是事倍功半。孩子大多数也属于被迫接受，做不到有根本的改变。由此可见，父母有威信是对子女进行教育的前提条件，否则不管父母再怎么苦口婆心地教导，孩子也听不进去。

阳阳今年11岁，上小学5年级。为了让儿子考上好大学，阳阳的父母对他的要求很严格。平时爸爸看到阳阳在家里看电视就会对他说：

“别看了，你的作业写完了吗？”如果阳阳已经写完了作业，爸爸就会说：

“只写作业是不够的，你要预习明天的课程，这样才能提高听课的效率。”

每次听到爸爸这么说阳阳都会听话地把电视关掉，然后回房间看书写作业。可是过了一段时间，阳阳就不再乖乖听话了。原来，爸爸不让阳阳看电视，自己却经常一看就是一整天，有时候电视里的声音太大，还会影响正在学习的阳阳。有一次，电视里正在播放阳阳最喜欢的足球比赛，他很快把作业写完然后跑到了客厅想要看比赛。谁知刚一坐下，爸爸就对他说：

“写完了作业就赶紧去睡觉，看什么比赛，比赛有学习重要吗？”阳阳委屈地回到房间，心理却想：为什么爸爸不让我看电视自己却看得津津有味。

后来，阳阳就不再听爸爸的话了，他觉得爸爸自己都不能做一个好榜样却总是管制他的行为，这样是不公平的。

上面例子中，爸爸对阳阳很苛刻，对自己要求却很松懈，不仅常常看电视，有时还会影响阳阳的学习。所以阳阳一开始还很听爸爸的话，后来就不再听话，就是因为爸爸在阳阳的心中没有了威信。造成父母没有威信的原因有很多，其中一个就是父母没有以身作则，没有给孩子树立良好的行为榜样。有的父母在其他成人面前很注意自己的行为举止，但是在自己的孩子面前就会有所松懈。他们认为孩子还小，什么也不懂，没有必要在他们面前也正襟危坐。其实父母忽视了一点，孩子也有自己的判断力，尤其是正在上学的孩子，他会知道父母的哪些行为正确，哪些不正确。当父母做出错误的行为，孩子虽然没有明确向父母表达，但是心里却会对父母的说教动摇，也就不会听父母的话了。还有一个原因就是父母经常说话不算数。有些父母为了让正在哭闹的孩子安静下来，或者激励孩子好好学习，就会许下空头承诺来哄孩子。比如："如果你不哭，妈妈就给你买最喜欢的玩具。""如果你考到班里前十名，爸爸就带你去动物园。"孩子听了父母的话就不再哭闹，或者努力学习考入了前十名，但是父母却没有履行自己的诺言。表面上看，父母的失信会让孩子因为没有满足愿望而失望，实际上，会让孩子对父母本身失望，之后父母再许下承诺孩子也就不再相信，自然也就不再听话了。

那么父母如何才能在孩子面前树立威信呢？

1. 父母要提高自己的修养，以身作则

幼年时期的孩子会对父母很依赖，父母在他们的心中也有很高的权威，于是无形中孩子就会模仿父母的一言一行。如果父母有着高尚的情操和很高的素质，那么他们的孩子也会有着不错的言谈举止；如果父母每天说脏话，不讲信用，那么他们的孩子也会经常说脏话或者说谎话。所以正如那句古语说的：其身正，不令而行；其身不正，虽令不从。父母如果希望子女能够接受自己的教育，就要给他们树立良好的榜样。比如想要让孩子安心学习，父母就要为他们营造安静的环境，孩子不看电视，父母自己也不要看，可以和孩子一起看书，或者准备第二天的工作。所以说，父母说得再好，再恳切都不如自己的言行对孩子的影响大。父母做好了，父母在孩子的心中才会有威信，孩子才会听话。

2. 父母要做到“言必行，行必果”

不难发现，父母失信于孩子是一件危险的事情。不仅造成孩子不再信任父母，还会影响孩子自身诚信品德的培养，养成经常说谎的坏习惯。

孔子的学生曾参曾经历过这样一件事情。

一天，曾参的妻子要去集市买菜，于是让儿子待在家里，可是儿子非要闹着和妈妈一起去。曾参的妻子为了哄孩子就对他说：

“如果你留在家里，妈妈回来就杀猪给你吃。”孩子这才乖乖在家。

曾参回来后听说了此事，便要去杀猪，妻子制止住对他说：

“我只是和孩子说着玩罢了，你还真的杀猪吗？”

曾参对妻子说：

“小孩子是不能骗的，他们年幼无知，只会学父母的样子，听父母的教诲。如果你说话不算数，哄骗他们实际上是在教孩子说谎。做母亲的都欺骗孩子，孩子以后就会觉得你的话不可信，以后再想教育他就会很难了。”妻子听后觉得很有道理，就和曾参一起把猪杀了，做了一顿丰盛的晚餐给儿子吃。

例子中的曾参深知信任在亲子之间起着举足轻重的作用，所以不顾妻子的反对也要杀猪给孩子吃，就是为了不让妻子在孩子心中成为一个言而无信的人。古人都明白的道理，我们许多现代人却不懂。父母的行为是孩子模仿的对象，如果父母经常言而无信，孩子也就不再相信父母的承诺。所以说，即使父母答应的是一件小事，也要认真对待，及时履行诺言，这样孩子才会继续信任父母，听父母的话。

3. 父母要不断学习，跟上时代的步伐

社会发展的速度很快，父母不能停留在自己的那个时代，而要不断

学习新的知识，了解社会的热点。为了能和孩子随时有效地进行沟通，父母也要多接触一些新事物，不懂的东西多问问孩子，给孩子一种父母有积极的年轻的心态的印象，这样和孩子就会有许多共同的话题可以聊。当孩子遇到生活中的困惑时父母才能给出最有效的意见，孩子当然就会相信父母，崇拜父母。

父母做事民主，孩子更敬佩

一项调查显示，有将近六成的父母为教育孩子的问题而绞尽脑汁。事实上，教育孩子并不是一件很难的事，只是有些父母把它复杂化了。大部分父母总是用自认为正确的方式去教育孩子，殊不知这些方法中有很多是错误的，只是父母并没有意识到，所以才会达不到理想的教育效果。

在教育孩子这个大系统中，家庭教育一直占据着举足轻重的位置。父母的教育对孩子的成长起着不可替代的作用。不过许多父母并不了解，家庭教育中的问题，主要不是在孩子身上，而是在父母本身。

生活中，父母喜欢为孩子包办一切，小到吃饭睡觉，大到结婚生子。许多父母认为自己曾经走过很多弯路，吃过很多苦，所以不希望自己的孩子也这样过，于是就自作主张地为孩子计划好以后的人生。还有些父母喜欢把孩子塑造成自己想要的样子，让孩子实现自己未实现的理想。其实每个人适合的道路并不一样，孩子也是如此。父母想要的并不一定就适合自己的孩子。

刘云是一家私企的文员，小时候的她很喜欢唱歌跳舞，还曾立志做一名舞蹈老师。但是因为一次意外，她的腿部受伤，于是放弃了舞蹈。刘云有一个5岁的女儿名叫安安，为了让女儿替自己完成梦想，她便给女儿报了许多舞蹈班。但是安安并不喜欢跳舞，有一次她对刘云说：

"妈妈，我明天不想去上舞蹈班了，我真的不喜欢跳舞。"

刘云听完很惊讶，她对女儿说：

"安安，你的身体条件很适合跳舞，妈妈也希望你能在舞蹈方面有所成就，你还小，许多事情都不懂，所以要听妈妈的话，明天去了班里好好和老师学习。"安安虽然很不高兴，但是又不能不听妈妈的话，只能硬着头皮去上课，一个学期下来却一支舞蹈也没学会。刘云知道以后很生气，她对安安说：

"这个学期怎么一支舞也没有学会，看来下个学期得找个更好的老师来教你。"

安安生气地回答道：

"妈妈，我再也不想学跳舞了，如果你非要让我学，我就不去学校了！"

例子中的刘云就是一位把自己的梦想寄托在孩子身上的母亲。父母未完成的理想由自己的孩子去实现本是一件可以理解的事情，但是这应该建立在孩子也喜欢的基础上。例子中的安安显然并不喜欢妈妈为自己安排的道路，虽然她已经向妈妈表达了自己的想法，却遭到妈妈的拒绝。最后安安只能用不再上学来抗议妈妈让自己继续学习跳舞的决定。

许多父母都习惯从自己的角度去教育和引导孩子，让孩子按自己的计划和安排去生活和学习，而忽视了孩子的感受。就像例子中的刘云一样。

父母不知道如果总是去安排和控制孩子的生活，往往会引起孩子和父母之间的分歧，时间一长还有可能影响亲子关系。父母要意识到，孩子也有自己的想法和喜好。父母觉得好的，孩子却不一定喜欢。另外，父母过多地为孩子包办一切，会让孩子养成依赖他人的习惯，而缺乏自主能力。

要想成为让孩子佩服的父母，就要改变过去的教育方式，选择更加科学的教育方法。那么什么才是科学的教育方法呢?

1. 父母在养育孩子的过程中要学会适当放手

林萍有一个9岁的女儿彤彤，上小学三年级。在别的孩子还处在衣来伸手、饭来张口的阶段时，林萍就让彤彤做些力所能及的事。早上起床后，彤彤都会自己叠被子，晚上洗完脚后还会把袜子洗干净。

有一次，吃完晚饭后，彤彤突然对林萍说要帮她洗碗。林萍本来不想答应，因为她怕彤彤把碗打碎弄伤了自己，但随后又想这正是锻炼女儿的好机会，便同意了彤彤的要求。每天看着妈妈洗碗，彤彤觉得特别简单，可是没有想到因为手上沾有洗洁精，碗变得特别滑，一不小心她就打碎一个。彤彤不好意思地对妈妈说：

“妈妈，我把碗打碎了一个，对不起。”林萍摸了摸彤彤的头对她说；

“没关系，这是你第一次洗碗，以后多洗几次就不会打碎了。妈妈想要告诉你，有的事情看起来简单但真正做起来却不容易，就像洗碗一样。所以，以后做任何事都要认真对待，知道了吗？”

例子中的林萍也很爱自己的孩子，但是她却没有为孩子包办一切。在孩子主动要求洗碗时也没有因为心疼孩子而拒绝。虽然孩子打碎了碗，但是却得到了宝贵的经验，还明白了要认真做事的道理。许多溺爱孩子的父母可以借鉴林萍的方法，适当地让孩子做些家务，这样也可以提高孩子的动手能力。当孩子表达出自己的想法时也不要盲目反对，而应该尊重他们的选择。所以说，父母想要培养出优秀的孩子，就要学会适当放手，给孩子提供锻炼的机会，多为他们提供成长的空间。

2. 要提高孩子的抗挫折能力

现在的孩子从出生起就被父母长辈悉心呵护，想要什么父母就给买什么，做错了事也会得到父母的原谅，所以在生活中一遇到小小的挫折就发脾气，孩子抗挫折的能力变得很低。所以父母要帮助孩子提高抗挫折能力。当孩子向自己提出无理的要求时要坚决地拒绝他，不能一味地迁就。如果孩子在做某件事情时遇到了困难，父母不能代替孩子去做，而是引导孩子找出解决问题的办法，帮助孩子养成独立自主的习惯。

3. 父母要尊重孩子的选择

不论是在穿衣打扮，还是兴趣爱好上孩子都有自主选择的权利，当孩子表达出自己的想法后，父母不能武断地否定，而应客观地分析孩子说的是否合理。另外，父母应尽量和孩子平等交流，不能总是用父母的身份压制孩子，让其听从自己的安排。

第二章 父母道德高尚，孩子更善良

父母有同情心，孩子有爱心

成成是一个7岁的小男孩，父母很疼爱他。

今天是周末，妈妈对成成说：

“成成，妈妈今天给你做糖醋肉吃，你喜欢吗？”

成成高兴地蹦了起来，对妈妈说道：

“喜欢喜欢，我最喜欢吃糖醋肉了。”

“但是妈妈有一个条件，就是你得和我一起去市场买菜，可以吗？”妈妈笑着问成成。

“当然可以了，妈妈咱们快去吧。”成成迫不及待地说。

在市场买完菜后，母子俩沿着原路往家走，这时，成成看到一只白色的小狗依偎在一棵大树的旁边，走近一看，小狗的腿上有许多血迹。成成心想这只小狗一定是被别的小狗咬伤了。成成正准备蹲下仔细看一看小狗的伤势，妈妈一把拉住了他：

“成成，这只小狗身上有很多病毒，你千万不要去碰它。”

成成对妈妈说：

“可是小狗受伤了呀，妈妈，你就让我看一看吧。”

“不行，如果你非要看小狗的话，妈妈就不给你做糖醋肉吃了，好了，成成听话，赶快和妈妈回家。”

妈妈拉着成成的手和他一起回了家。

经过这件事情之后，当成成再在路上看到受伤的小动物时，他就会想起妈妈说过的话，然后赶快离开。

上面例子中，母子俩在路上遇到受伤的小动物后，成成的妈妈在意的是自己的孩子会不会被小动物咬伤，并且在成成想要查看小动物的伤势时阻止了他。成成受到妈妈的影响而变得不再关心小动物了。

同情心是在看到他人遇到不幸或困难时，自己对别人的遭遇产生的共鸣，并且想要对其帮助、支持的一种情感。它不仅是培养人们爱心的前提，而且它也是许多其他美德存在的基础。

孩子之所以缺乏同情心和爱心，首要原因就是父母对孩子过多地呵护。现在的父母把大部分的精力放在孩子的学习和物质生活上。他们给孩子提供最好的物质条件，给孩子报最贵的辅导班，却忽视了对孩子品格方面的培养。为了避免孩子受到伤害，大多数父母会告诉自己的小孩不要和陌生人说话，不要管别人的事情，就像上面例子中成成的妈妈一样。即使遇到的是受伤的小动物，父母最先考虑的还是自己孩子的安全。当然，父母想要时刻保护孩子的心情是可以理解的。

所以，同情心和爱心教育在孩子的成长过程中发挥着重要作用。只有当孩子有了爱心，他才会在别人有困难时伸出援手。关爱他人也等于关爱自己。一个富有爱心的孩子会在关心他人的过程中体会到不一样的快乐，同时也能让自己的精神世界更加丰富。

在如何培养孩子爱心和同情心方面，有以下几点建议供父母参考：

1. 父母和孩子参加动物保护协会，让孩子学会爱护动物

为了保护小动物，全国各地都建立了动物保护协会。父母可以带着自己的孩子参加当地的动物保护协会，在实际的参与过程中培养孩子的爱心。比如家长和孩子可以一起和志愿者进行动物保护协会的宣传；在参与的过程中，父母可以给孩子讲述全世界有多少种濒危野生动物，又有多少

小动物曾经遭受过人们的虐待。在这样的亲身经历中，孩子不仅可以了解很多有关野生动物的知识，也可以很快地懂得保护动物的重要性。教会孩子爱护动物是培养孩子爱心和同情心的重要基础。

2. 父母带着孩子参与社区捐物

彬彬妈妈下班回家时，看到小区的社区服务中心正在鼓励人们为偏远地区的儿童捐旧衣物和旧书本。她让彬彬下楼，和她一起去服务中心了解情况。妈妈指着宣传照上的小朋友对彬彬说：

“彬彬，你看，这个小朋友的教室，全是用泥土做成的，窗户都是用纸糊的。所以冬天的时候这里是非常冷的，可是你看小朋友的衣服却很薄，你要帮助这个小朋友吗？”

彬彬看看照片中小朋友的衣服.再低头看看自己的衣服，对妈妈说：

“妈妈，我要把我最喜欢的羽绒服送给这位小朋友”

妈妈问彬彬：“这可是你最喜欢的羽绒服，你真的舍得送给这个小朋友吗？”

“嗯，我的教室里不仅有窗户还有暖气，我可以穿其他的衣服，这件羽绒服最暖和了，我要把它送给这位小朋友，这样小朋友就不会冷了。”彬彬说道。

“彬彬真是一个有爱心的好孩子，妈妈也把自己的衣服捐出来，向彬彬学习，好不好？”妈妈欣慰地对彬彬说。彬彬用力地点了点头。

彬彬妈妈的做法不仅让孩子表达了爱心，更让孩子懂得帮助别人是一件很自豪的事情。给偏远地区捐钱捐物是我们日常生活中常常遇到的事情。父母可以利用这些机会来教育孩子。让孩子了解这些地方的人们的生活状况，并产生想要帮助这些人们的想法。孩子经常帮助别人就是充满爱心的表现，父母可以经常教导孩子去主动帮助别人。

3. 父母可利用特殊节日的契机进行爱心教育

家长可以利用不同的节日对孩子进行爱心和同情心的培养。例如在植树节时，父母可以带着孩子去郊外亲手种一棵树。让孩子亲自铲土、浇水，体会其中的艰辛，孩子以后就会更加爱护树木；在端午节时，父母可以和孩子一起包粽子，并给孩子讲述屈原的故事，让孩子知道每个人都应该像屈原一样热爱自己的祖国；如果条件允许的话最好带孩子观看龙舟比赛，既可以让孩子体会竞赛精神，同时也了解不同的风俗，增加孩子的见识；在重阳节时，父母可以带着孩子去当地的敬老院看望那里的老人。让孩子陪老人说说话，为老人读读报，这样既能为老人们带来快乐，也让孩子知道关心他人是一件很有意义的事情。

4. 教孩子学习帮助他人

小松的妈妈是个热心肠的人，特别喜欢帮助左邻右舍，今天帮三单元的年轻父母照看婴儿，明天又去陪孩子都不在身边的崔大爷聊天，每天都忙得不亦乐乎。小松不解地问妈妈为什么这么喜欢帮助邻居，妈妈摸了摸小松的头说：

“孩子，我们每个人都会有需要帮助的一天。当我们遇到急事时，亲人不一定恰好就在身边，这时候能帮助我们的就是邻居了。而如果我们在邻居需要帮助时不伸出援手的话，你觉得邻居以后还会帮助我们吗？”

小松似懂非懂地点点头。有一天，小松的妈妈在家里不小心扭到了腰，恰好爸爸又出差在外。妈妈让小松赶快找对门的王叔叔帮忙，最后在王叔叔的帮助下妈妈被送到了医院得到及时的救治。这时的小松才明白妈妈话里的含义，从此，小松便和妈妈一样经常帮助邻居。

小松妈妈通过自己的实际行动教会了孩子要帮助邻居。邻居是我们生活中最常遇到的人，俗话说“远亲不如近邻”，邻里之间的互帮互助是建立和睦邻里关系的基础。教育孩子经常帮助邻居，不仅有助于孩子养成助人为乐的好习惯，而且可以把孩子培养成一个有爱心的人。

孩子助人为乐，父母也有功劳

明明是一个活泼开朗的小学三年级学生，因为期末考试成绩名列前茅，妈妈特地奖励明明去游乐园玩。

从游乐园出来之后，明明发现路边坐着一个老婆婆，身体消瘦，发型凌乱，身前放着一个白色搪瓷缸子，口中还不断和路过的行人说着：“行行好吧，行行好吧”，双手还在不断作揖。路过的行人有扔一两块钱给老婆婆的，大多数人绕着老婆婆走开了。

明明看到老婆婆很可怜，就对妈妈说要给老婆婆提供一些帮助，但是妈妈却说：“现在的乞丐都是骗人的，不能相信。”然后带着明明离开了。

从此之后，明明在街上遇到乞讨的人都绕道走开，即便是看起来很可怜的人，明明在想走上前的时候都会想起妈妈那句“乞讨都是骗人的”话。

上文中妈妈的一句话对明明的行为产生了很大的影响。在他想帮助别人的时候总会先质疑此人是不是真的需要帮助，是不是像妈妈所说的是骗子。这样时间长了，孩子在帮助别人之前总会瞻前顾后，从而错过帮助别人的时机。或许有些人是职业乞讨者，但是在明明眼中这些人都是可怜的，是需要同情和帮助的。因此，妈妈要向明明解释清楚，有些人扮演成一些可怜的角色，目的是博取大众的同情以获得物质回报，如果我们此时给这些人食物、钱财，是在助长这种不良行为。妈妈要向明明说明这种欺骗他人的行为是不对的，这些人是不值得同情的。否则，明明就会对妈妈产生误解并且自己也会陷入“帮或不帮”的矛盾心理中。

所有父母都希望自己的孩子能得到大家的认可，而一个乐于帮助他人的孩子更受人喜爱。这样的孩子也更容易被周围人认同，从而建立良好的人际关系。现在很多孩子是家里的独苗，父母从孩子的安全角度考虑，总是告诉孩子要保护自己，远离伤害。不可否认，在帮助别人时确实存在一些安全隐患。如果父母因此就教导孩子无视这些人，那么某一天，在孩子需要帮助的时候，谁来帮助他呢？父母要教育孩子的不是拒绝帮助，而是要增强孩子的安全意识，以自己的安全为前提，给予他人适当的帮助。

爱心是每个人都应该具备的品德，父母应该做好孩子的榜样，这种榜样不是单纯的教导孩子要帮助别人，更要告诉孩子我们为什么要帮助别人以及我们怎样帮助别人。

针对培养孩子助人为乐的品质，父母可从以下方面着手：

1. 让孩子明白助人为乐是一件幸福的事情

父母要帮助孩子明白助人为乐是一件幸福的事情，当需要帮助的人在获得我们提供的帮助后顺利解决了难题，他人的“谢谢”是对我们的肯定，而我们本身也会有一种成就感。这种成就感会带给我们幸福感，让我们更加热爱生活。

例如，当孩子捡到手机时，父母要告诉孩子，如果失主找不回这个手机，很多人联系不到失主，就会担心失主的人身安全。如果父母帮助孩子和失主通信录里的朋友取得联系，告知失主取回手机，失主对孩子会抱有感激之情，此时孩子更会深刻体会帮助别人的幸福。

2. 父母要对孩子进行适当鼓励和表扬

暑假，杨丽带女儿去故宫参观。天气有点热。杨丽和女儿边走边逛，走累了就在树荫下休息，此时树荫下已经坐了几位乘凉的游客。这时，一位游客向身边的人询问厕所的具体位置，但是旁边人也不清楚，对这位游客摇了摇头。杨丽和女儿听到这位游客想找厕所，而她们之前刚好路过厕所。看到这种情况，杨丽想到，女儿性格比较内向，可以让女儿帮人指路，锻炼女儿的交往能力。于是她鼓励女儿上前，向那位游客详细说明了路线。女儿“大功告成”之后，开心地扑到杨丽的怀里。杨丽对于女儿敢于和陌生人交流并且热心帮助别人的行为进行了表扬。

很多孩子在助人为乐之后会很兴奋，这个时候父母不仅要进一步引导孩子感受帮助别人的幸福感，还要肯定孩子的行为，表扬孩子。其实孩子的兴奋父母是可以感受到的。父母可以在读出孩子希望被表扬的心理之后表扬孩子。当这种心理得到满足时，孩子就会得到双倍的快乐。收获别人的感谢时还能得到父母的表扬，孩子对这种幸福感会记忆深刻。

帮助别人，会增加孩子对真善美的认识，父母的表扬，实质是对孩子的一种肯定，会让孩子以更加积极乐观的心态去面对生活，面对社会，使孩子对以后的人生路将更有自信。

3. 父母要教导孩子助人时应量力而行

父母可以教给孩子面对不同情况的应对办法：一种情况是孩子能力不足时，父母要告诉孩子以自己的能力为前提，选择最有效的方法帮助别人。例如在看到有人落水时，父母要教给孩子即使自己会游泳也绝对不可以跳入水中实施救援。要给孩子讲清楚利害关系，在水中游泳很消耗体力，孩子会因为体力不支无法给落水者提供援助，甚至可能自己也需要帮助。在这个时刻，父母告诉孩子要大声呼救，吸引身边人的注意。另一种情况是要让孩子提高警惕，远离潜在危险。父母要教给孩子分辨帮助别人时的危险，看看自己是不是能够安全地帮助别人。例如有人会向孩子问路，父母要告诉孩子即便知道路怎么走也不要亲自带人前去，更不要和陌生人去人少的地方。如果有陌生人请求孩子带路，可以拒绝他或者找警察叔叔帮助他。

父母以身作则，孩子才能信守诺言

周末到了，本该休息的李娟心情却不怎么好。因为工作上出了点小差错，周末要加班重新做报表。正当她收拾东西准备出门的时候，女儿说：“妈妈，你周末还要工作吗？你答应我要带我出去玩的。”

李娟正因为工作出了差错而烦恼，就直接说：“我今天要加班，下周吧！”

女儿委屈地说“妈妈，你已经答应我好久了，答应我周末陪我一起玩的，我已经等你两个周末了，别的小朋友都和爸爸妈妈去玩儿了。”

李娟一边穿鞋子一边对女儿说：“下周吧，下周我一定陪你去。妈妈今天还有工作，你先自己玩儿吧！”

安排丈夫陪女儿出去玩儿之后李娟就出门了。

从上面这个事例中我们可以看出，李娟多次答应周末要陪女儿却一直食言。李娟因为工作的事情无法陪伴女儿过周末又没有提前向女儿说明，在女儿问起时也没有向女儿解释原因，更没有帮助女儿重新安排一个有意义的周末，这样造成了女儿内心浓浓的失落感。父母都给孩子讲过“狼来了”的故事，故事里的小孩不被大家信任而落得悲惨的结局。上例中李娟的行为和“狼来了”里的不诚信行为又有什么区别呢？

很多时候，父母对孩子许下的诺言都是随口一说，并不放在心上，而孩子却会为父母许下的诺言而憧憬。在孩子眼中，父母遵守诺言是爱自己的表现，但当愿望没有实现的时候，这会让孩子在心理上产生落差，也会让孩子对父母的爱产生怀疑。这种影响小则表现在孩子不信任父母，对父母也不再抱有期待，彼此关系不再亲密无间；大则孩子以后也会养成不守诺言的习惯。

如果父母在对孩子许下诺言而无法实现的时候主动对孩子解释原因，并且向孩子道歉以赢得原谅，孩子虽然失落但是也会理解父母。如果父母尊重和重视孩子，对孩子真诚道歉，会使孩子理解父母的行为，有利于家庭关系的和睦。

守信的人大都具备很强的责任感，一个说到做到的人会对自己负责，对他人负责，这样才能获得他人的信任与尊重。孩子说到做到，讲诚信，在学习和生活中都将受益。在学习中，孩子按时完成学习计划，这本就是一种诚信行为。在生活中孩子以真诚之心与人交往，将会收获真挚的友谊。

父母可在以下几个方面帮助孩子建立诚信的品质：

1. 父母诚信对待孩子，孩子信任父母

诚信的对象不分大人与小孩，对于成人来说失信会错失很多机会，但对孩子来说，正确的世界观却可能很难树立起来。每一个做父母的人都应该用自己的行动为孩子做出表率，从细微的生活里培养孩子的优秀品质。

当遇到确实无法完成诺言的时候，父母一定要向孩子解释清楚，并且真诚地向孩子道歉。美国心理学家罗达·邓尼说过："父母做错了或违背自己的诺言时，如果向孩子说一声对不起，可以帮助孩子建立自尊，同时能培养孩子遵守诺言的习惯。"

2. 告诉孩子自己不守信就要承担后果

父母可以告诉孩子，如果因为自己不守诺言对整件事情带来一些严重的后果，那么孩子自己就要为这些损失承担相应的责任。

当然，父母也不能让孩子随意许诺，要让孩子认识到言出必行的重要性，不轻易许诺，但是一旦作出承诺就要尽全力兑现。一旦孩子养成随意许诺的习惯，在不想兑现诺言或者兑现不了诺言的时候，孩子就会产生"大不了受罚"的想法或者不再重视诺言。

3. 教给孩子理性面对不守信的现象

首先，父母要告诉孩子当别人没有遵守诺言时，可以先站在别人的立场想一想，再考虑之后怎么做。例如，大家约定好了相见的时间，但是朋友却没有准时到达，父母可以教给孩子站在别人的立场上考虑，是不是对方有事情耽搁了？在自己的能力范围内与人方便，宽容他人，他人也同样会回报孩子。

其次，要教孩子学习原谅对方，并以博大的胸怀包容对方。当孩子遇到他人不守信的情况时，不能对对方做出片面的评价，更不能“以其人之道还治其人之身”，抱着下次“我也骗你一次”的想法去报复对方。父母要让孩子学会原谅他人、宽容他人，同时也要让孩子以此为鉴，不做危害他人利益的事情。

有正义感的父母才能培养出正直的孩子

李明是中学初二班的学生。今天是星期三，因为轮到李明所在的小组打扫教室，所以李明比平时起得早一些，洗漱完毕后李明骑着自行车出了门。路上，李明点了一份鸡蛋灌饼作为早餐，在等师傅做灌饼的时候，李明无聊地朝周围张望着。忽然，李明发现，在不远处的一个巷子里，有两个穿校服的男生站在那里。其中一个李明认识，是隔壁三班的王军，另一个好像是比自己低一个年级的同学。李明看到王军抓住那个同学的领子并伸手要着什么，看到自己的同学在欺负低年级的同学李明很想过去阻止他，但是一想到妈妈对他的叮嘱，他又犹豫了。

原来，前两天李明和妈妈一起坐公交车时有位大娘在一个急刹车时摔倒了。当时车上没有一位乘客过去帮她，李明本来已经站起来，却被妈妈一把拉住，妈妈小声对他说：

“你看看别人，哪个不是装作没看到，就你爱逞能，万一给自己惹上麻烦怎么办？以后不关你的事千万别管，知道了吗？”

想到这里，李明决定还是听妈妈的话：“算了，反正也不关我的事，我还是去教室值日吧。”李明在心里暗暗对自己说。这时灌饼也做好了，李明拿着灌饼向教室赶去。

巷子里，那位低年级的同学被王军抢去了早晨的饭钱，饿着肚子去了学校。

上例中，李明在看到自己的同学欺负低年级的同学时本来想要去阻止，但是因为想到妈妈对自己的叮嘱：“不要多管闲事。”于是选择视而不见。见义勇为本是一件好事，但是李明的妈妈却教育孩子不要出头，这说明父母缺乏正义感，这会影响孩子正义感的养成。

正义感指的是追求公平正义的意识和行为，它是个人道德品质的一种体现。如今，家庭教育在孩子的成长过程中起着不可替代的作用。孩子的学习固然重要，但是品德上的培养更应该作为家庭教育的首要目标。每个父母都希望自己的孩子成长为一个正直的人，但是生活中又有多少父母在遇到事情时能够以身作则，给孩子做一个正直的榜样呢?

陶行知说过：“千教万教教人求真，千学万学学做真人。”父母本身是否有正义感与孩子正直品德的养成有很大的关系。孩子做出正直的行为时父母没有及时给予肯定；当孩子像学校里老师教的那样帮助弱势群体，父母却告诉他们不应该这样，并传授给他们“事不关己高高挂起”的处世态度，长此以往，孩子就会变得胆小怕事，性情冷漠。

孩子一旦没有了正义感，对社会上的不公平事件就会漠视。比如看到他人在遭遇不幸时不仅不会感到难过反而幸灾乐祸，久而久之，孩子判断是非的能力就会降低，他会把漠视他人的遭遇变成一种习惯。

所以，正如雨果说的那样：“做一个圣人，那是特殊情形；做一个正直的人，那却是为人的正轨。”孩子只有学会了正直做人才能够拥有正确的人生方向。

如何把孩子培养成一个正直的人，有以下几点供父母参考：

1. 教孩子用法律的武器维护正义

蒋欣的妈妈是一位律师，最近妈妈受理了一件未成年人遭受监护人虐待的案子。案子中的小男孩经常受到继母的毒打，但是孩子的父亲却不知道，直到楼对面的居民目睹了毒打的过程并报了警，小男孩的亲生父亲才知道。蒋欣的妈妈免费为小男孩打了官司，继母也得到了法律的制裁。事后，妈妈对蒋欣讲述了案件的主要内容并告诉她：

"孩子，在遇到不公平的待遇时我们不能忍气吞声，法律就是为了保护我们的，你看，妈妈今天就用法律的武器帮小弟弟伸张了正义。"

"嗯，我要像妈妈学习做一个正直的人，并且帮助别人。"蒋欣对妈妈说。

上例中，蒋欣的妈妈用自己的工作经历告诉自己的孩子，遇到不公平的事件时可以选择运用法律的武器来维护自己和他人的权益。教孩子学会正直，并不是让孩子遇到不公平的事情时莽撞地去行动，而是让孩子懂得伸张正义也可以合理伸张，而法律就是最好的实现途径。平时父母可以多和孩子看一些法制频道的节目，通过听法律专家的讲解，父母和孩子可以一起学到许多正确的维权方式。

2. 给孩子讲正直人物的故事

月月的爸爸是一位历史老师，每天晚上临睡前，爸爸都会给月月讲一则历史故事，像岳飞精忠报国、荆轲刺秦王、廉颇负荆请罪等都是月月最喜欢听的。这天晚上月月早早地上了床，因为爸爸说如果自己早点睡就会给他讲更精彩的故事。看到孩子这么有兴趣，爸爸也劲头十足地讲了起来：

“今天，爸爸给你讲关于包拯的一个故事。话说包拯在40岁的时候到端州出任知府。端州有一种端砚很出名，包拯到任后不久便听说端州的官员经常以进贡端砚为名剥削百姓，于是包拯穿着便服去了解民情。他去做砚工人最多的村里查看后发现，砚工们生活苦不堪言。回府后，包拯出了一份告示，告诫官员们不得任意增加供砚的数目，百姓的日子才终于脱离了苦海。”

月月听得很入神，她对爸爸说：

“爸爸，包拯真是个好官。”

“所以月月也要向包拯学习做一个正直的人呀，这样大家都会喜欢月月的。”爸爸说。

上例中，月月的爸爸通过给孩子讲述正直的历史名人的故事，成功地让月月学习到正直的品质。中国历史上有许多正直的人物，被罢官的海瑞、公正判案的包拯、两袖清风的于谦等，他们都为后人做出了良好的榜样。父母给孩子讲述历史名人的故事不仅可以丰富孩子的历史知识，而且给孩子提供了正确的精神指引，更有利于培养孩子正直的品格。

3. 让孩子多观察周围发生的事

父母如果想要培养孩子的正义感，就应该让孩子多观察生活。不公平的事情不仅会出现在电视节目和新闻报道中，日常生活中也有很多。父母要和孩子一起观察和讨论生活，提高孩子对事情的认识。比如，看到大孩子欺负小孩子，父母可以问孩子：“你认为那个大孩子做得正确吗？如果是你，你会欺负比你年龄小的孩子吗？”从而让孩子明白不能欺负弱小。又比如，看到有的小朋友在毁坏公物，父母可以问孩子：“那个小朋友把公物损坏了，其他人就不能用了，你认为他的做法对吗？”从而让孩子明白不能毁坏公物。在平时看电视时多和孩子看一些法制节目，通过里面的一些反面案例教育孩子，进而增强孩子的正义感。

父母知荣辱，孩子也有羞耻心

五年级（2）班的班主任生病了，学校安排了一位年轻的老师接替他上课。正好过几天学校就要举办板报评比了，课堂上，老师让绘画好或者写字好的同学主动报名参加板报比赛，出乎意料的是竟然没有一位同学举手。无奈之下老师只能指定人选：

“许优，你来负责绘画的部分。”

“老师，我最近身体不舒服，能不能换别的同学代替。”许优站起来对老师说。其实，在幼儿园的时候，许优就是班级里画画最好的女生。但是自从上了一年级，许优发现画画会占用自己很大一部分的学习时间。于是她不再在画画上花费很多精力，这次的板报评比因为需要准备很长的时间，许优觉得会耽误自己的学习所以就拒绝了。在许优的心里，班里能不能在板报评比中获奖和自己没有关系。

还有一位叫刘强的男同学，这位同学平时经常迟到，这天上语文课时他又迟到了。

“刘强，你怎么又迟到了，你是怎么回事？就不能早起几分钟吗？进来吧，下不为例。”语文老师对门外的刘强摆了摆手示意他坐到座位上。

刘强在座位上安静地坐了几分钟后开始左顾右盼，他实在是不喜欢上课，尤其是语文课。只见他一会拽拽前排女孩的头发，一会把橡皮扔到左边同学的桌上，原本安静的课堂被他搅得有了小小的骚动。

“刘强，你给我站起来，迟到也就算了，上课也不好好听课，还打扰别的同学，你还有没有点羞耻感了？”语文老师生气地对刘强说。

刘强一脸无所谓地对老师笑笑，还朝同学做了个鬼脸，

“你无所谓是吧，好，以后我的课你都不用上了，给我站到外面去。”老师指着门口说道。

上例中的许优本可以凭借自己不错的绘画功底为自己的班级在板报评比中赢得荣誉，但是为了不影响自己的学习，她拒绝了老师的建议。许优只关注自己的学业而忽视为班级作贡献的行为正是缺乏荣誉感的表现。刘强上课迟到并且不遵守课堂纪律，在受到老师的批评时，不仅没有认识到自己的错误，对待老师的态度还很恶劣，这其实是缺乏羞耻心的表现。

生活中，有些父母对孩子错误行为的纵容会让他们认识不到自己的错误，自然也就不会产生羞耻感。孩子时常以自我为中心，无法体会集体荣誉的重要性，久而久之也就不会产生荣誉感。

孟子曾说：“无羞耻之心，非人也。”缺少羞耻之心的孩子不会为自己做出不正确的行为而感到难为情，甚至对于父母的教育都无动于衷。如果让孩子长期地我行我素，孩子的行为将会越来越偏离正轨。没有荣誉感的孩子很难融入集体生活中，做事也会缺少积极性，长此以往，孩子会渐渐变得自私自利。

所以，培养荣誉感和知耻心对于一个孩子的成长具有重要意义，有荣

誉感的孩子会更好地适应集体生活，遇事也有着健康正面的心态；有了羞耻心，孩子会从自己不正确的行为中总结经验，养成知错就改的好习惯。

那么，如何培养孩子的荣誉感和羞耻心，有以下几点供父母参考：

1. 通过生活中的小事培养孩子的荣誉感

“妈妈，今天我们学校开运动会，可是我们班的跑步没有进入前三名，有个女孩还哭鼻子了。”小明绘声绘色地给妈妈形容，说完还笑了起来。妈妈听完却没有笑，她对小明说：

“明明，如果这次你们班进入了前三名，你高不高兴呀？”

小明肯定地点了点头，妈妈对小明说：

“身为班级的一分子，班级的荣誉就是你的荣誉，那位女同学虽然哭了，但那是为班级没有获得荣誉而哭的，你不能笑她。”

“嗯，妈妈，我回去一定多多练习跑步，等下次运动会，我一定要获得好的名次，为班级争得荣誉。”

上例中，小明的妈妈以运动会为契机，给孩子讲述维护集体荣誉的重要性，并提升了孩子的荣誉感。我们知道，孩子的荣誉感不是一朝一夕形成的。父母一定要善于利用生活中的例子来教育孩子。日常生活中，父母要尽量为孩子创造良好的氛围，这其实有利于孩子集体荣誉感的形成。

2. 父母和孩子一起观看比赛，激发孩子的荣誉感

观看体育赛事是一件能够让人产生荣誉感的事。父母可以带着孩子去现场观看国际比赛，这比在家里观看感受更直观。在现场热烈的氛围中，到处都是为自己国家加油的人们，孩子身处其中会不自觉地也为自己国家的健儿们加油。父母可以借此机会告诉孩子个人的荣誉与祖国的荣誉的关系。运动健儿们奋勇拼搏的精神也可以激励孩子，给孩子产生正面积极的

影响。

3. 合理批评，引导孩子有羞耻感

亮亮是一个5岁的小男孩，以前的亮亮很听话，但是最近却开始变得顽皮起来。他经常在小区里拽老奶奶刚买的菜或者抢小朋友的玩具玩。

今天他居然把一个坐在路边休息的老爷爷的拐杖抢走了，并把它拿回自己的家。妈妈发现后，对亮亮说：

“你把老爷爷的拐杖抢走了，那老爷爷就没有办法走路了，也回不了家。如果以后妈妈老了，也需要拄着拐杖才能走路，有一个像你一样顽皮的小朋友把妈妈的拐杖抢走了，那妈妈就只能坐路边不能回家，你会担心吗？”

亮亮点点头，妈妈继续说道：

“既然你会担心，那老爷爷的家人是不是也会担心呢，说不定他们现在就在小区里寻找老爷爷呢。你觉得自己做得对吗？”

亮亮不好意思地低下头，小声地说道：

“妈妈，我知道错了，咱们赶紧去把拐杖还给老爷爷吧。”

妈妈摸摸孩子的头对他说：

“我们不仅应该把拐杖还给老爷爷，还应该向老爷爷说对不起。”亮亮坚定地点了点头。当亮亮和妈妈一起找到老爷爷后，发现老爷爷确实因为没有拐杖回不了家。亮亮更加羞愧了，他把拐杖放在老爷爷的手里对他说：

“爷爷，我不该把你的拐杖拿回家，我错了。现在我就把您送回家。”

上例中，亮亮妈妈在发现孩子拿回老爷爷的拐杖时并没有急于批评孩子，而是通过换位思考，让孩子认识到自己的行为是错误的。当孩子做错事情时，父母不能用过激的言辞去批评他。这样做不仅不利于孩子产生羞耻感，反而有可能引起孩子的逆反心理。所以要想引导孩子形成羞耻感，父母就要时常观察孩子的行为，一旦发现孩子有不正确的举动时，要及时纠正孩子。父母也可以和孩子一起分析总结哪种行为是可以做的，哪种是不可以做的，并让孩子知道做错事情的后果，产生愧疚感和羞耻感。

父母懂得感恩，孩子也会知恩图报

小敏今年13岁，是一名初中生。以前，小敏最喜欢去的就是奶奶家了。那里有许多同龄的小朋友。而且每次小敏一去，奶奶就会给小敏做好吃的，尽管奶奶家不富裕，但奶奶还是竭尽所能地给孙女最好的东西。每天晚上，小敏都躺在奶奶的怀里听奶奶讲故事。后来小敏上学了，因为暑假要补课，小敏已经有两三年没有回过奶奶家了。慢慢地，小敏不再想念奶奶家的小院子了，她更喜欢宅在家里玩电脑上网；小敏也不再喜欢听奶奶讲故事，而是像大多数女孩一样追看韩剧。

最近，奶奶的关节炎又犯了，爸爸把她接了过来去大医院做检查。家里只有两个卧室，爸爸对小敏说：

“小敏，奶奶要在咱们家住一段时间，可是咱们家没有多余的房间了，就让奶奶和你一起住吧，好吗？”

“啊，爸爸，我不想和奶奶一起睡，奶奶的身上有一股不好闻的味道。”小敏对爸爸说。

“人老了身上都有味道的，你小时候不是很喜欢和奶奶一起睡吗？”爸爸不解地问。

“那是小时候，现在我已经长大了，不喜欢和奶奶一起睡了。而且我晚上还要复习功课，和奶奶一起住会影响我学习的。”小敏振振有词地说道。

“你奶奶要是知道该有多伤心啊。”爸爸生气地对小敏说。

上例中的小敏在得知奶奶生病后，不仅没有第一时间关心奶奶的病情，反而拒绝和奶奶住在一起。我们常说要孝敬父母和长辈，但是小敏却连最起码的感恩之心也没有。有位哲学家说过：世界上最大的悲剧或不幸，就是一个人大言不惭地说，没有人给我任何东西。感恩是一份美好的感情，但是例子中的小敏却缺失了这种美好的感情。

生活中，有许多父母在看到孩子做得不对时，因为心疼就舍不得批评孩子。表面上看，父母是在保护自己的孩子，实际上是害了孩子。在孩子小的时候，为了培养他们和长辈们的感情，父母会经常让孩子跟着长辈生活。而当孩子长大后，父母关注更多的是孩子的学习，反而忽视了孩子和长辈感情的维系，这会使孩子变成和例子中的小敏一样，年幼时和奶奶感情很深，长大后对奶奶变得冷漠。

正如英国谚语说的那样：“忘恩比说谎、虚荣、饶舌、酗酒或其他存在于脆弱的人心中的恶德还要厉害。”孩子如果没有感恩之心，那么在得到别人帮助时就会觉得理所应当。所以，感恩对于孩子品德的培养具有重要作用，只有学会感恩，孩子才会孝敬父母，才会尊重老师并最终成为一个品德优秀的人。

那么如何教育孩子学会感恩呢，有以下几点供父母参考：

1. 父母不能为孩子包办一切

要想让孩子懂得感恩，父母就不能什么事情都帮孩子做完。有些事情孩子确实不能做，父母当然可以帮着做，但是一些简单的事情一定要让孩子自己去完成，例如洗袜子、叠被子之类的小事情孩子是完全有能力做到的。只有当孩子亲自动手完成事情的时候才会体会到父母平时的辛苦，才会明白只有付出劳动、付出辛苦才会有所收获，了解了父母对自己的付出，孩子才能学会感恩。

2. 在特殊节日教孩子学习感恩

下一周就是教师节了。君君的妈妈告诉君君应该给老师做一个小礼物。母子俩先去超市买了适合做贺卡的纸张和装饰的辅助材料，又一起挑选了适合画在贺卡上的图案，一切准备好后，妈妈先帮君君把贺卡的大体形状做出来，然后由君君在上面画图，最后是在贺卡上写祝福的话语，妈妈对君君说：

"君君，是谁教会你画画的呀？"

"幼儿园的吴老师。"君君回答。

"那老师教会了君君画画，是不是应该感谢吴老师呢？"

"是。"君君说。

"那君君把对吴老师的感谢写在贺卡里怎么样？老师看到后会很高兴的哦。"

"妈妈，我要写，我要写。"君君兴奋地说道。

君君的妈妈利用教师节的契机让孩子亲手制作贺卡送给老师，并在制作贺卡的过程中告诉孩子要感谢老师教会了自己画画，从而让孩子学会了对老师感恩。在特殊节日对孩子进行教育可以收到很好的效果。不仅是教师节，在母亲节或是父亲节时，父母也可以对孩子进行感恩教育。比如可以带着孩子一起为爷爷奶奶选择礼物，让孩子在生活小事中学习感恩。

3. 带孩子观看有关感恩的电影，学习主人公感恩的精神

涛涛是个很淘气的小男孩，平时总是不听爸爸妈妈的话。一个星期天，爸爸决定带儿子去看一场电影，电影的名字叫作《背着爸爸去上学》。

《背着爸爸去上学》讲述了主人公石娃自幼丧母，和爸爸姐姐相依为命。家里太穷只能供一个孩子上学，爸爸决定送弟弟石娃上学，而姐姐则放弃学业早早出嫁，刻苦学习的石娃考取了省城的师范学校，但是父亲因为干活时不幸摔伤，为了照顾父亲时又不耽误学业，石娃决定背着爸爸去上学。

电影结束后，涛涛的小脸上满是泪痕，爸爸对涛涛说：

“石娃是个好孩子，爸爸把腿摔断了他没有嫌弃爸爸，还要背着爸爸去上学，石娃那么爱自己的爸爸，知道对自己的爸爸感恩，那涛涛爱爸爸吗？”

“爱，涛涛也爱自己的爸爸，如果爸爸不能走了，涛涛也会背着爸爸去上学！”

爸爸知道涛涛很淘气，如果只是口头上教育孩子要学会感恩，效果肯定不太好。所以爸爸选择和涛涛一起看电影，结合电影的内容来教育孩子。比如当电影中出现和自己生活中一样的情景时，父母可以让孩子看看电影中的主人公是如何做的，孩子自己又是如何做的，这样的对比教育可以让孩子更直观地判断自己的行为。感恩是一种美德，常怀感恩之心的孩

子会更加让人喜欢，也会更加容易得到幸运之神的垂青。

不溺爱，让孩子更懂孝顺

程鹏今年13岁，上初一，是家里的独生子，父母都很疼爱他。平时上学时，妈妈总是先把早餐做好，然后叫程鹏起床。起床后的程鹏并不急着穿衣服，而是坐在那里等着妈妈为他穿。吃完早餐后，程鹏两手往口袋一插就下楼了，爸爸在后面为他拿着书包，然后开车送他上学。

“鹏鹏，快起床，已经七点半了，上学要迟到了。”爸爸焦急地叫程鹏起床。

“啊，已经七点半了，我妈今天怎么没有来叫我起床呢？”程鹏一边穿衣服一边问爸爸。

爸爸对程鹏说：“你妈妈今天生病了，现在还在床上躺着呢。”

“哦，原来是这样啊。”程鹏淡淡地说道。当他洗漱完毕准备吃早饭的时候，看见餐桌上什么也没有便大喊起来：

“妈，你怎么没有做早餐啊，那我早上吃什么啊？”

卧室里传来妈妈虚弱的声音：

“鹏鹏，今天妈妈身体不舒服就没有做早餐，你和爸爸去外面的餐馆吃早饭吧。”

程鹏生气地跑到卧室对妈妈说：“妈，外面的早餐太难吃了，我不要吃，你快给我做。”

爸爸看到程鹏要让妈妈起床做早饭连忙走过来对鹏鹏说：

“鹏鹏，妈妈因为生病身体已经很不舒服了，如果妈妈起来为你做早餐的话身体会更难受的，我们今天就去外面吃一顿，好吗？”

“好吧。”

程鹏不情愿地和爸爸出了门。

生活中有许多孩子像程鹏一样缺乏孝心，他们之所这样是由于父母的教育不当、孩子的孝顺行为没有得到鼓励以及长辈们的过分溺爱等原因造成的。

首先，随着独生子女的增多，越来越多的家庭处于“四位老人、两位父母和一个孩子”的组成模式。长辈们的宠爱让孩子从小就享受很高的家庭地位。他们只知道被动地接受别人的疼爱，却从不会主动付出。孝心意识没有在他们的思想中形成，这是父母对孩子早期教育中的一项失误。其次，孩子偶尔的孝顺行为没有得到父母及时的鼓励，这会降低孩子想要表达孝心的积极性。孩子不懂什么是对错，所以父母的反应是他判断自己行为一个很重要的依据。当孩子做完一件事后，如果受到了父母的批评，那孩子就会明白这件事是不能做的，如果受到表扬就会知道这件事是可以做的。最后，由于父母的长期宠溺，孩子缺少表达孝心的机会，时间长了孩子就会认为自己是不需要孝顺父母的。这种缺乏孝心的思想一旦形成就会很难改变。

千万经典，孝义为先。孝顺的本质是让我们疼爱父母，理解父母，感激父母的养育之恩，在父母年老之后，作为儿女能够像父母曾经照顾我们那样用心地爱父母。在父母感到孤独时我们也要时常陪伴他们，对于父母来说，儿女的孝敬是对他们最好的回报。当然，这里的孝敬父母并不是说要无条件地顺从父母。父母的意见虽然都是为了子女好，但是子女也要结合自身的情况并且和父母做好沟通，从而做出最适合自己的决定。

孟子说过："惟孝顺父母，可以解忧。"孝顺在孩子的成长中发挥着举足轻重的作用。孝心一旦缺失，孩子就会在父母的溺爱中越发地以自我为中心，进而忽略周围人的感受。

所以，孝敬父母作为中华民族的传统美德，是父母在对孩子进行早期教育时必不可少的行为准则。一个孩子未来想要成为对社会有用的人就必须先学会孝顺，有了孝顺作为基础，孩子才能学会关心和帮助他人。孝顺可以说是所有优秀品德中最为重要的一个。

如何让自己的孩子学会孝顺，以下几点可以为父母提供参考：

1. 父母的身体力行远胜空谈教育

玲玲的外婆生病住院了，妈妈知道后便向单位请了假专门去医院照顾母亲，每天放学后玲玲也会一起去医院看望外婆。有好几次外婆吃饭时都吐了，玲玲看到妈妈一点也没有觉得脏，而是把秽物收拾后又继续照顾外婆。后来有一次妈妈也病了，玲玲像个小大人一样主动照顾起了妈妈，就像妈妈照顾外婆一样。

上例中，妈妈并没有教过玲玲照顾病人，可是玲玲却模仿妈妈照顾外婆时的样子照顾妈妈，这说明生活中父母的行为对孩子的影响是很大的。让孩子学会孝敬长辈是每个父母的心愿，但如果只是每天在孩子耳边对孩子说你要孝敬爸爸，要孝敬妈妈还是远远不够的。在孩子的意识中并不知道什么是孝敬，这时如果父母能用自己的实际行动，比如帮自己的父母洗洗脚揉揉肩，孩子自然就会学着父母的样子做起来，这会比单纯的口头教育更有效。

2. 把握教育时机，让教育事半功倍

浩浩5岁了，他特别爱看动画品，尤其是《大耳朵图图》，因为图

图的年纪和浩浩差不多，妈妈便经常用动画片里的情节来教育浩浩。有一次动画片里正放着图图妈妈让图图给辛苦工作的爸爸拿拖鞋时，浩浩的爸爸也恰好回到了家，

妈妈对浩浩说："浩浩，图图的爸爸工作很辛苦，那浩浩的爸爸工作辛不辛苦呢？"

"辛苦。"浩浩大声地说。

"那浩浩是不是也应该学习图图帮爸爸换上拖鞋呢？"妈妈接着说。

"嗯，浩浩要做像图图一样孝敬的孩子。"浩浩说着，就去给爸爸拿拖鞋。

浩浩的妈妈结合孩子喜欢看的动画片教会了孩子孝顺，这样的教育方式一来不太枯燥，易于让孩子接受；二来也可以让父母通过较短的时间收到更好的教育成果。虽然说教育是可以随时随地进行的，但是不同的教育方式对孩子造成的影响是不一样的。假如孩子正在玩自己喜欢的游戏，父母却严肃地对他讲道理，这种情况下孩子是听不进去的，因此时机的选择很重要。在教育时结合孩子感兴趣的事物，既可以吸引孩子的目光，也可以让孩子更好地理解父母所讲的道理。

3. 及时赞扬孩子的孝顺行为

小洁是邻居眼中的小明星，大家都知道这个刚满10岁的小姑娘是父母生活中的小帮手。妈妈买菜时她会帮着提不是很重的菜，爸爸送她上学时，不管书包有多重她都自己背着，从不让爸爸帮忙。邻居纷纷向小洁妈妈取经，小洁妈妈笑笑说：

"其实方法很简单，当小洁第一次在家里帮我递东西时，我就及时给她一个大大的吻，并夸她真的很棒，这样一来，她就有动力帮我做更多力所能及的事了。”

小洁的妈妈在孩子帮自己递东西时及时给予了奖励，尽管只是一个吻，但对孩子来说却是一个很大的鼓励。培养孩子孝顺并不难，只要父母做一个生活中的有心人，平时多注意孩子的行为，及时发现孩子的孝顺举动，并适当鼓励，孩子就会越来越孝顺。

第三章 父母爱学习，孩子成绩好

父母学问高，孩子也好学

从小到大，楠楠一直很佩服自己的父母，因为他们好像什么都知道。所有自己不懂的事，他们都能为自己解答，自己有什么困惑疑问，也能与他们讨论商量，而且不管什么事，在与他们交流过后总能豁然开朗。

楠楠仍能清楚地记得，牙牙学语时，父母会告诉自己什么是太阳月亮，怎么叫爸爸妈妈；刚上小学时，父母会一笔一画地教自己写自己的名字；六年级时，父母能为自己讲解深奥难懂的奥数题，还有语法规律不同于普通话的古文；在初中阅读名著后，自己能与父母深入讨论书中的人物和故事情节。

楠楠觉得，在自己与父母的交流中，自己学会了很多。比如理解故事更透彻，思维更缜密，见解更独到。而且，父母浑身萦绕的那种充满学识的气质也令楠楠很向往。

楠楠很希望自己以后也能成为父母一样有学问的人。所以，她从小就勤奋好学，尤其喜欢看书。在学习中有不明白的地方，楠楠总会拿去请教父母，与父母讨论解决。每次看完一本新书，她也总是迫不及待地给父母讲解自己的看法，与父母分析其中的道理。在学习上有了什么较大的进步，楠楠也总高兴地与父母分享。

看到楠楠的进步和成长，楠楠的父母非常欣慰。其实，他们自己的文化程度也并不是特别高，但为了能更好地培养楠楠，让她成长为一个高素质、高学问的优秀的人，他们就先努力用知识武装自己，以此来影响楠楠，激励楠楠学习成长。并且楠楠的父母为此感到很自豪，因为他们的教育方法看起来很成功。

父母对孩子各方面的影响是非常大的。如果父母是一个很有学问的人，则孩子相对会成为爱学习，求上进的孩子。那么到底为什么父母素质的高低会对孩子有这么大的影响呢？

首先，父母是自孩子呱呱坠地后接触最多，也是最亲密的人。是父母教会了孩子第一份知识，也是父母在孩子的成长过程中为孩子遮风挡雨，为孩子指引方向。所以，父母是孩子融入天性中的最崇拜的人。孩子会不自觉地学习模仿父母的行为、生活方式，努力向父母看齐，渴望达到和父母一样的高度。而且人的生活环境会受人的影响，人也会受环境的影响。如果父母有很高的学问，那么种种的学识气度势必会在生活环境中留下很多痕迹，对环境进行好的影响。那么在这样一种高素质、高学问的环境中成长的孩子，必定会耳濡目染，成长为一个符合这种环境的气质的人。晏子的那句“生于淮南则为橘，生于淮北则为枳”就是最恰当的比喻。

其次，在孩子遇到不清楚的问题时，如果父母有较高的学识修养，就可以很快地解决孩子的疑问，并用很巧妙的方法让孩子明白解决问题的关键点和问题的重点；如果父母的学识修养不高，就无法帮助孩子解决问题，或只能用很低级、很不恰当的方法解决。相较之下，很容易看出父母有高学识对孩子成长的重要性。

所以，父母应尽量成为一个优秀的有学问的人，并尽力影响孩子，使之健康成长。具体方法如下：

1. 教育孩子，父母要实事求是

父母对孩子的问题要真的有一定独到的见解和看法，且见解应端正有内涵。父母不能不懂装懂，不能根据自己的想法凭感觉来长篇大论一通，以此来提高自己在孩子心中的地位。这样会让孩子对某些问题的看法产生偏差。孩子的观点也会因此而改变，甚至会让孩子沾染上信口开河的习惯。

由于任何人都不是全能的，所以面对孩子的提问，再有学识的父母也一定会有暂时无法解答的问题。面对这种状况，父母可以这样跟孩子说："先让爸爸妈妈看看书，查查资料，明天再告诉你好吗？"这样父母既不会因准备不充分，而不能很好地解决孩子的疑问，也能让孩子明白可以在书中寻找答案。

同时父母还应注意随时充电，补充知识。这样既能提高自己的思想境界和知识水平，也能为孩子做好的表率，让孩子明白知识是在持之以恒地学习中获得的。

2. 父母应保持并展示自己的优势

露露的父亲是一位语文老师，非常爱好古典文学。他买了很多文学典籍，并专门辟出一间书房来放书。这些典籍中多为古典诗词，露露的父亲还拥有一本自己写的诗集，可以说露露的父亲是老师圈子中一位小有名气的"诗人"。露露一直很佩服自己的父亲，也因此很喜欢古典文学，总是缠着父亲让父亲教她古文，所以露露可以说是在这些古诗词中泡大的。父女俩经常在书房中和着音乐一吟一诵，不亦乐乎。在父亲的影响下，露露也成了同学中赫赫有名的小才女。

所有父母都有自己在学习方面的优势。有的父母可能在学习上不太擅长，但有钻研的精神，这也很令人敬佩；有的父母可能记性很好，学过的知识点在哪里都能很清楚地记得；有的父母可能对某一科目有兴趣并相当擅长，比如对数字敏感，所以很喜欢数学，或对文字感兴趣，所以写作很厉害，等等。

父母可以发挥自己的优势，并且互相补充，各自负责孩子学习中自己擅长的部分。这样一来，父母能在孩子面前充分展示自己的长处，能在孩子心中树立父母的高大形象，引发孩子对父母的崇拜，让孩子主动向父母看齐，主动学习父母优秀卓越的一面，并努力也使之成为自己的优势。

3．让孩子明白学问是从学习中得来

父母要告诉孩子，要想拥有高深的学问，必须要多读书、好读书、读好书。书是前人人生经验和思想精髓的凝练和总结，要想提高自己的思想境界，见识更广阔的世界，读书，是非常重要的途径。父母可以首先做到身体力行，以自身的行为活动告诉孩子要爱读书，也可以给孩子讲述一些有关读书的名人名事，告诉孩子这些读了丰富的书籍的人以后的成就，以此来鼓励孩子读书。

父母还要注意告诉孩子思考和学习的重要性，如果只是一味地读书却不加思考和吸收，那也是在浪费时间。正如孔子所言：“学而不思则罔。”

深厚的学识积淀不是凭空得来的，是在日常的学习读书中一点点积累起来的，是在生活实践中一点点磨砺出来的。这一点，父母务必要使孩子明白。

陪孩子学习，和孩子一起进步

林恺的父母希望成为开明的父母，所以他们对正在读初二的儿子林恺一直都采取的是放任自由的教育措施。他们希望能培养林恺独立自主的学习能力。可是林恺刚上初二没多久，他们就接到了林恺班主任的电话， 班主任认为林恺在学习上太自由散漫了，他希望他们多多督促林恺的学习。

父母反思了自己之前对林恺学习上的放任行为，开始轮流监督林恺的学习。他们时不时进入林恺的房中，看他有没有在写作业，或问问他在做什么，如果看到他在写作业、学习的话就夸奖他几句，如果看到他没写作业的话，就说些要好好学习抓紧时间之类的话。处在青春叛逆期的林恺对父母这样的行为很反感，想出各种办法来应付父母，学习却一点也没抓紧。

看到林恺并没有因自己的督促而改变，林恺的父母很着急。在上网查找资料，并询问了专家学者后，他们决定陪林恺一起学习。需要注意的是，这里所谓的学习不仅限于林恺的学业功课，还包括一些他们不懂的事情的学习。一家三口将各自不了解的或感兴趣的事情放在一起讨论，共同学习，互相鼓励，一起增长知识。

在这样一起学习的过程中，林恺慢慢对学习有了兴趣，他变得稳重踏实，在学习上遇到不懂的地方就查书或请教老师父母。同时，林恺的爸爸和林恺还发现他们父子俩都对哲学很感兴趣，于是课余时间，父子二人经常凑在一起辩论交流，一家人的感情也因为这交流亲近了不少。

很明显，林恺的父母之前的放任式或监督式的教育方式是不太合理的，后来的陪同式教育才真正地激发了林恺的学习兴趣。林恺这一年龄段的孩子正处在青春叛逆期，过于放任会让他们自由散漫，严格监督又会让他们心生逆反。而陪同式学习不但不会导致以上问题的出现，还能在学习上给孩子一定的指导。所以，对于处在青春期的孩子，陪他们一起学习，这是一种非常好的教育方式。

这里需要注意的是，学习的内容既可以是孩子课本的基础知识，也可以是父母所擅长的专业方面的知识，还可以是父母和孩子各自感兴趣的知识。就像事例中林恺和他的父母一样，一家人可以把自己不了解的问题或感兴趣的问题提出来，相互交流，一起学习。这样陪孩子一起学习的好处有很多：

首先，陪孩子一起学习这种教育方式，可以给孩子带来一种平等的感觉。不会让孩子有过大的心理压力，也不会让孩子毫无压力处于完全懈怠的状态。

其次，在父母陪孩子一起学习时，在与孩子交流的过程中，父母可以发现孩子学习中的问题，方便父母督促孩子尽快填补知识薄弱不足的地方。

再次，与孩子一起学习，不管学的是课本上的知识，还是工作生活上的知识，或是大家都感兴趣的知识，对孩子来说都是有用的。因为不管孩子当时学到的知识有多少，这些知识在积累到一定的量之后，都会对孩子产生一定的影响。同时，这样的学习对父母自身知识的积累也有很大的帮助。

父母如果希望孩子能够对学习抱有一份热情和自觉，就不应该做一个只关心孩子衣食住行和学习成绩的父母，也不能做一个只要求孩子好好学习，自己却不求上进的父母。而是应当陪孩子一起学习，一起进步。

那么如何正确地、更有效果地陪同孩子一起学习呢，我们有以下几点建议：

1. 在学习时与孩子保持合适的空间距离

父母在陪同孩子学习时要注意，不要与孩子的空间距离拉得太近。比如，尽量不要和孩子并排在同一张桌子上学习，因为过近的距离会让孩子变得很敏感，认为父母能感受到自己的一举一动，这反而不利于孩子思考问题。

父母需要明白的是，这种陪同式学习并不是监视式学习。父母要做的不是时时刻刻守在孩子身边，分秒不离地陪同。而是更注重对学习氛围的营造，让孩子能够感受到在自己学习的道路上有父母的陪同和支持。

所以，父母在陪同孩子学习时应和孩子保持合理的距离。我们的建议是，父母与孩子一人占据房间一角，或一人占据一个房间。这样既不会相互影响、打扰，也能够感受到相互间的陪同，孩子有什么疑问也能很快找到父母解决。

2. 让孩子看到父母对学习的热情

父母与孩子一起学习，不能单纯只是为了“陪”孩子。单纯的陪同会让父母觉得劳累无趣，也会让孩子备受压抑。父母应该用一份发自内心地对知识的热爱和渴望来与孩子一起学习，并让孩子看到父母对学习的热情。看到对学习充满热情的父母，孩子会不由自主地受到父母的感染，会自然地涌起学习的动力。

父母要认识到，想要改变孩子，首先应当改变自己。因为榜样的力量是无穷的。它能激励和改变一个人，它的作用比口头的督促强很多。所以，在新事物、新知识面前，父母应当主动地、充满热情地把自己和孩子放在同一起跑线上，与孩子一起学习，自觉地做一个乐学、善学，给孩子起好表率作用的父母。

比如，曾经就有这样一位父亲，从孩子上小学一年级起，一直充满热情地陪孩子一起学习，直到孩子考上大学。父亲自己也从大字不识一个，提高到和孩子一起拿到了大学文凭。孩子更是在父母的激励下顺利拿到了硕士、博士学位。由此就可以看出父母陪孩子一起学习，对孩子甚至是父母的进步有着重要的推进作用。父母在学习中可以增长知识，孩子看到父母对学习抱有这么大的热情，更会受到激励，倍加努力学习。

3. 要多与孩子进行讨论

讨论是发现问题、掌握知识、运用知识的一种非常好的手段，所以父母应多与孩子就学到的知识进行讨论。在孩子完成作业和学到了新知识后，父母可以主动与孩子交流，与孩子讨论作业的难易，让孩子讲述对新知识的理解，与孩子讨论对新知识的运用。这样做，父母可以洞察孩子在完成作业和掌握知识中的不足，也能反观自己对知识掌握上的不足，同时还能督促孩子及时填补知识的不足，督促孩子更好地掌握知识。

父母学到新知识后，也可以与孩子进行讨论。因为孩子以后很可能也会面临同样的问题，需要此类的知识去解决。所以多就各方面问题进行讨论，能让孩子在日常轻松的交流中学到更多知识，完善知识体系，为未来生活打好基础。

父母或孩子对某一问题有困惑时，也可以一起讨论。大人与孩子的思维方式不同，因此从不同的角度就这一问题进行讨论，能让彼此看到对这一问题的不同的思考方式与思考角度，进而使得父母和孩子双方都能获得成长。

正视考试成绩，孩子成绩更好

上初中二年级的洋洋是一个沉默寡言的女生，虽然她学习很刻苦，但学习成绩却不理想，尤其是英语这门课。上英语课时，她非常羡慕那些可以站起来流利回答老师问题的同学。她的梦想是能够熟练地掌握外语和外国人进行交流，但事与愿违，即便她很努力地背单词，却依然无法将这些单词连成通顺的句子。

周二上午又是英语课，洋洋满脸愁容，因为要发上周的测验卷子了。上课之前，课代表从老师那里拿到卷子开始分发。

“李洋洋，给你的卷子。”

洋洋从课代表手中接过卷子，看到只有65分心里难过极了。洋洋强忍着泪水等到下课，老师又说：“这次考试卷子要拿回家让爸爸妈妈签字，分析原因。”

洋洋更担心了，妈妈看到这个分数会怎么想呢?

晚上，洋洋把卷子拿给妈妈看，妈妈一看到65分就很生气地对洋洋说：“我天天辛苦工作，你就考这点分数来回报我？”

洋洋很伤心，却不敢张嘴向妈妈说说自己在学习英语上的困难。这之后，洋洋不喜欢上英语课了，英语成绩也越来越差。妈妈说了女儿很多次，最终认定女儿“嘴笨”，不适合学习语言类的学科。

从上面这个事例中我们看到，洋洋英语成绩不理想，父母在看到成绩之后并没有帮洋洋分析原因而是对之进行斥责，这会使孩子对考试产生一种恐惧心理。父母过分看重分数，无形中给孩子增加了心理负担，导致孩子在学习时过度焦虑，这种焦虑实质上是对自信心的过度担忧。严重时会导致孩子对某些学科失去信心，甚至厌学，这对孩子未来的学习是很不利的。父母对待孩子考试成绩的态度决定了孩子对考试的认识，这就需要父母以正确的心态面对孩子的考试分数。

考试是对孩子某个阶段的学习成果的检验，是为了孩子能够发现在这段时间的学习中存在的问题，进而纠正。考试只是让孩子扎实掌握知识的一种手段。父母如果过于看重分数而忽视对孩子平常学习的关心，孩子也会只重视考试而忽视对平时的学习方法、经验的总结。在日常学习中存在的问题发现不了，孩子在考试时还会犯平时常犯的错误。所以，父母应该从孩子的考试测验中发现问题，帮助孩子改正学习习惯。

父母要帮助孩子应对考试成绩不理想时的消极情绪，不能火上浇油打击孩子。面对孩子的分数，父母应该从以下几方面去看待：

1. 帮助孩子树立良好的考试心态

糖糖数学很棒，学校派糖糖和几位同学一起参加市里举办的数学竞赛。糖糖在竞赛之前很紧张，一连跑了好几次厕所，爸爸看出糖糖很紧张，就对她说："糖糖，放轻松，就当是平时的考试，正常发挥就可以了。"

糖糖回答爸爸："爸爸，如果我竞赛表现不好怎么办？拿不上名次怎么办？"

爸爸告诉糖糖："不要担心，你平常数学学得很棒，只要你把自己的水平发挥出来，不要粗心大意，正常做题就好，你的能力已经得到了老师的认可，轻松去竞赛就好了。"糖糖听了爸爸的话后，慢慢放松了心态，自信地走进竞赛场。

上例中，糖糖在竞赛之前过分关注竞赛的结果，从而引起了紧张和焦虑的情绪。爸爸的一番话帮助了糖糖重拾信心，放松了心态。孩子在面对考试时易产生紧张情绪，这容易导致孩子在考试时发挥失常。如果孩子在考试时心理负担过重，考场上很容易将知识点忘记，这样会导致分数白白流失。父母要帮助孩子舒缓这种焦虑情绪，让孩子保持一个轻松愉快的心情，这样才能在考试中正常发挥。

父母需要告诉孩子在考试时专心面对题目，集中精力做题，不要忧虑考试成绩。在遇到不会做的题时要冷静思考，仔细分析题目，难题该舍则舍，考试中合理安排做题时间。父母还可以在生活中让孩子多听些舒缓的音乐，使孩子内心保持平静。在考试之前让孩子听些音乐，和孩子说说话，分散一下孩子对考试紧张的注意力，这些都有利于孩子的正常发挥。

2. 要正确认识孩子的考试分数

正确面对孩子的分数，因为分数仅仅代表了孩子在这一阶段的学习状态。当孩子取得了好的成绩时，要对孩子进行表扬，同时，要让孩子总结这段时间的学习方法，争取保持这种学习状态。一旦孩子成绩不理想，父母最好不要对孩子进行“棍棒教育”或言语斥责，在此时，要照顾孩子的失落情绪。

父母要激励孩子，告诉孩子只要努力终有成功的一天，享受过程远比结果重要。父母要鼓励孩子，这一次取得的成绩不够理想，一定要总结原因、方法。只要孩子不断调整自己的心态，努力改正错误，总会进步的。

3. 要明白分数只是孩子成绩的一部分

不论孩子学习成绩如何，身为父母，都不能只看分数来认定一个孩子的优劣。这就需要父母多和老师沟通，掌握孩子在学校的表现，从侧面了解孩子的学习态度。如果孩子乐于助人，热爱劳动，团结同学，学习也很努力，即便是成绩不理想，父母仍然应该肯定孩子。有的孩子体育成绩突出，有的孩子爱唱歌、爱跳舞。客观评价一个孩子，应该将这些因素都考虑进去，才能全面地认识孩子，帮助孩子。

4. 父母利用考试帮助孩子进步

考试过后，父母首先要帮孩子分析这次考试成绩比较理想的有哪几科，是因为孩子感兴趣还是孩子投入了相对多的学习时间。对于孩子非常感兴趣的学科，父母可以给孩子报个兴趣班，挖掘一下孩子的潜质。对于孩子认真学习的学科，父母要帮助孩子总结学习方法，对难易点进行分类，将基础知识牢固掌握。

对于成绩不太理想的学科，父母要帮助孩子寻找原因，是粗心大意还是没有掌握好知识点。要让孩子把做错的题重新做一遍，将粗心做错的和不会做的进行分类。对粗心做错的题，父母要让孩子多做几遍，记住哪里容易出错。而对于不会做的题，父母要了解孩子为什么不会。是上课没有认真听讲还是老师的讲解没有听懂，父母要让孩子认识到上课认真听讲的重要性。

锻炼孩子注意力，孩子学习效率更高

读五年级的小刚是个让父母和老师都非常头疼的孩子，不仅课余时间调皮捣蛋，上课时间也不安分。在老师讲课时，小刚前5分钟还能老老实实地听会儿课，5分钟以后就坐不住了，脑子里面想着下了课去哪里玩一下。一会儿又在纸上胡乱画一画，就是不好好听课。老师对此很头疼，每节课都要点小刚好几次名字。

“小刚，坐好。”

“小刚，又神游到哪里了。”

…… ……

老师每次点到小刚的名字小刚就能安静一会儿，然后又小动作不断。面对这样的小刚，老师最终选择了无视，只要上课不太过分都不予理会。

在家里时妈妈让小刚写作业，小刚也是玩一会橡皮写一道题。妈妈只能坐在小刚身边看着小刚写作业，只有这样小刚才不会在睡觉之前还完成不了作业。因为小刚在学习时注意力不集中导致学习效率低下，学习成绩也不理想。每次拿到成绩单妈妈总是要皱着眉头数落小刚一番。小刚也很委屈，但就是无法集中注意力坚持听老师讲完一节课。

上例中我们看到小刚的问题在于上课开小差，坐不住。课堂上无法专心跟随老师的讲解完成课堂任务，课下写作业时也拖延时间。他的这些表现让老师和父母都很无奈。小刚的注意力不集中会直接影响他学习做事的效率。

通常，表现好的孩子或许也无法整节课精力高度集中，但是分神之后能快速回归课堂。新知识在课堂上掌握得八九不离十，他们在课下需要做的作业只是巩固、熟练。而不够专注的孩子在几分钟以后就神游天外，身边的风吹草动都能吸引他的注意力。孩子一旦走神，在课堂上就跟不上老师讲课的进度，这就导致学习效率不高，成绩不理想。

古往今来，成大事者皆具备专注的精神。在完成一件事时，他们总是将全部的精力投入其中。身为父母最重要的是帮助孩子培养专注的精神，能够让孩子心无旁骛地做一件事情。

孩子拥有专注的精神能够高效率地完成课上课下的学习任务，取得好的成绩。从长远来看，孩子专注于某一件事情，树立目标之后会全力完成，不达目的不罢休。这样的孩子更易登顶，到达事业的巅峰。而父母对培养孩子的专注力，可从以下方面出发：

1. 结合孩子的兴趣更易培养其专注力

兴趣是孩子最好的老师，父母可以从孩子感兴趣的事情入手培养他的专注力。孩子感兴趣，很多事情不用父母说，他自己就会寻找、尝试好的方法把事情做得更好。另外，孩子感兴趣会更具备钻研的态度，内心更坚强从而不被困难打败。这种对困难不妥协、不服输的精神有助于孩子做事持之以恒，集中百分百的精力攻克难题。

当孩子对某件事情感兴趣时他就会抱着极大的热情去完成。事实证明，孩子在做自己感兴趣的事情时对外界诱惑的抵抗力更强，很少会因为外界的因素而动摇。在孩子做的过程中更会因为喜欢而投入其中。

2. 锻炼孩子短期到长期的学习定力

每一个孩子在专注力上是有差异的，这种差异集中表现在时间上。相同的学习任务，有的孩子能够集中精力直至完成，而有的孩子却只能坚持5分钟、10分钟。父母要认识到孩子的定力差异，并且循序渐进地帮助孩子培养专注力。

皮皮上三年级，就和他的名字一样，皮皮非常调皮。干什么事情都是三分钟热度，做一会儿就把手中的事情忘在脑后去干其他事情了。皮皮爸爸对皮皮这样不专注的做事态度很担心，长久下去，皮皮将会一事无成。皮皮爸爸决定训练孩子的专注能力。

1. 皮皮爸爸布置给皮皮五道数学题，要求皮皮10分钟以内完成，皮皮按时完成了。爸爸表扬了皮皮，让皮皮休息5分钟，5分钟以后进行20分钟的单词背诵，皮皮也完成了。之后，爸爸又对皮皮进行了阅读半小时和写作40分钟的训练。皮皮在开始时还会分神，但是读了一段时间之后，皮皮被书中的故事吸引，能够非常安静地读完半小时书，作题时皮皮也完成得很迅速。爸爸经常对皮皮进行类似的训练，使皮皮的注意力得以集中，他的成绩很快得到了提升。

父母可以借鉴皮皮爸爸的做法，在规定时间内让孩子分阶段完成学习任务，再以同样的方式完成之后的学习。如果孩子能够完成，就进一步延长其做题的时间，长时间坚持会使孩子的专注力得到很大提升。这样有助于孩子在课堂上集中注意力跟随老师的讲解，在学习中会轻松很多。

3. 告诉孩子做自己的主人

父母要帮助孩子明白时间的珍贵，一旦时间流逝将无法重来。如果孩子做事情不专注，只能花费更多的时间去完成。同时，父母要让孩子感受到自己是时间的主人。比如说在学习的过程中可以让孩子自己制定学习计划，规定完成作业的时间。父母还可以教给孩子合理安排时间，告诉孩子一旦完成作业所用时间比规定时间短时，那么孩子自己“赚来的”时间都是属于孩子自己的，可以让他自由安排。

同样地，要教孩子给自己心理暗示。例如，作息表上制定了下午五点钟做作业，孩子可以在四点五十结束玩耍时间。给自己十分钟时间调整玩耍状态下活跃的大脑，心理上暗示自己要做作业了。孩子主动进行时间安排，在做作业时集中精力，做自己的主人，更有益于孩子的成长。

父母常鼓励，孩子更有动力

上小学六年级的超超很贪玩，在别的小朋友学习的时候，超超总是在干其他事情，学习成绩自然不理想。

这天，老师将上次测验的卷子发给大家，超超看了一眼分数就将卷子放进书包里。放学回家，妈妈问他：“超超，这次考试考得怎么样？”

“卷子在书包里。”超超说完去看电视了，妈妈将成绩单找出来，看到名次后面写着“35”，顿时很生气。妈妈转身走到电视前将电视关掉，大声对超超说：“超超，我们这么辛苦地工作供你读书，班里40位同学，你就考倒数第五名来回报我们？你看看二楼的小雪，次次考试都在前几名，你什么时候能考好了让妈妈能在别人面前抬得起头？”

超超很生气地反驳妈妈：“为什么每次都提小雪，我不是小雪，我就是不爱学习。”说完转身进了自己房间。超超在之后的学习中更加不上心了，依然调皮捣蛋，我行我素，越来越让老师父母头疼了。

在上面的故事中，妈妈希望超超能在学习方面多努力，争取成为像小雪一样优秀的孩子。妈妈用小雪前几名的考试排名与超超的倒数第几名进行比较，用错了激励孩子的方法。无疑，妈妈的这种行为使超超的自尊心受到了打击。如果妈妈经常这样数落超超，长此以往，超超的自尊心会受到挫伤，在学习上更加不自信。

如果父母长期对孩子批评甚至挖苦，孩子就会自暴自弃。因此，父母在教育孩子时也要照顾到孩子的自尊心，最好不要将自己孩子的缺点和其他孩子的优点相比，以免对孩子的性格产生消极的影响。

在心理学上有一个名词，叫“南风效应”，南风和北风比赛，看谁能先让路人脱掉身上的大衣。北风呼呼地吹，寒风刺骨，可是人们却一边裹紧大衣，一边骂着这鬼天气。南风则徐徐吹动，将暖风带到人们身边让人们感到温暖，人们感到很热就纷纷将大衣脱掉了，南风获得了胜利。“南风效应”告诉我们，温暖胜于严寒。所以说，父母的鼓励和信任是对孩子最好的关心。同样地，孩子也期望得到父母的信任。如果父母能够在生活中发现孩子的优点，不断鼓励孩子克服困难，孩子一定能够健康成长。

在孩子的学习过程中，父母要经常对孩子进行鼓励。面对优秀的孩子，父母不仅要表扬，更要鼓励孩子不断进步，挑战自己，精益求精。面对成绩不理想的孩子，父母更应该鼓励孩子，帮助孩子在学习上树立信心。

下面提出几点建议供父母参考：

1. 不随便批评孩子

上五年级的小龙非常调皮捣蛋，学习成绩也不好，期末考完试以后，老师通知学生要开父母会。父母会结束之后，小龙很担心，怕妈妈知道自己的在校表现后会批评自己。老师专门找了小龙妈妈谈话，将小龙的学习成绩以及他的在校表现告诉她，并且委婉地建议小龙妈妈回去和小龙交流一下，让小龙认识到学习的重要性，不要终日贪玩。

小龙妈妈很头疼，对这个孩子，打骂斥责都没有任何效果。小龙妈妈决定听从老师的建议，改变对小龙的教育方式，试试以后多表扬小龙。

她回家之后，将小龙叫到身边，小龙很忐忑，担心妈妈又骂他。没想到妈妈说“你最近表现不错，老师还表扬你了，说你最近比以前进步了，希望你能更加努力，妈妈很开心。”

小龙很惊讶，虽然纳闷但是也开心了很多。从此，小龙有了很大的转变，不仅学习态度端正了，成绩也越来越好。妈妈看到小龙的转变惊喜不已，表扬了小龙最近的进步。

小龙的妈妈反思了以前自己在对孩子教育中存在的问题，认识到不断批评孩子并没有达到让孩子好好学习的目的，表扬孩子反而取得了意想不到的结果。

父母改变教育方式，不随意批评打骂孩子，首先，找出孩子存在的问题，让孩子认识到错误。其次，通过鼓励孩子端正学习态度，使孩子感受到父母的信任，孩子才能进步！

2. 要经常赞美孩子

读三年级的小洁每年都是班里的三好学生，因为表现好，她受到了同学和老师的喜欢。小洁取得的成绩离不开爸爸妈妈对小洁的教育方式。他们对待孩子以欣赏、表扬为主。例如小洁考试进步了，妈妈会说："小洁真棒！这次考了90分，下次能不能考得更好啊？"

小洁在家里帮助妈妈扫地，妈妈会说："小洁扫得真干净，真是妈妈的好帮手！"

小洁见到邻居会大声喊"叔叔阿姨"，妈妈也会夸小洁懂礼貌。

上例中我们看到，父母经常赞美孩子，孩子长期处在一个被欣赏的环境中，自己内心对于成功的渴望更强烈，在做事情时积极性更高。所以，父母要给孩子营造一个正面的、积极的环境，对孩子好的行为多赞美、多表扬，增强孩子的自信心，使孩子愿意做、敢于做。

3. 要加强与孩子的沟通

很多时候，父母和孩子之间互相不信任是沟通少造成的。父母和孩子之间互相不理解，不知道内心真实的想法，就会产生误解。

例如，孩子有的时候出于害怕担心的心理，在考试考不好的时候，怕父母责骂，不主动将成绩单给爸爸妈妈看。父母这时候要和孩子加强沟通，告诉孩子考不好没关系，但是要勇于承担。有时又因为害羞不愿意和父母说困扰自己的问题，父母要注意观察孩子，还要以和孩子做朋友的心态和孩子沟通，帮助孩子解决难题。父母信任孩子，给孩子一定的空间和时间，让孩子敢于尝试，相信自己。当孩子成功后，父母要表扬孩子，表达对孩子的欣赏与赞美。

这样孩子和父母之间就会建立起和谐的朋友关系，孩子更愿意向父母诉说，这种信任是非常宝贵的。

孩子爱思考，学习更高效

读初一的小松性格比较内向，学习成绩一直在中下游徘徊。妈妈希望小松能够踏入优等生的行列中，于是就给小松报了几个辅导班。但是上了一段时间课之后，小松的成绩依然没有起色。

妈妈向老师询问小松在课堂上的学习状态，原来小松虽然听课时很认真，但当老师让学生自己思考时，小松的大脑就停滞了。老师讲完题之后，虽然小松已经将定理听明白了，但是做练习的时候还是不会用。老师告诉小松的妈妈："小松上课时太被动了，老师讲课时不动脑筋。做题时也很死板，只会套公式，稍微变变题型就不会了。"

小松的妈妈对此也很无奈，经常对小松说要多动脑筋、多思考，做题时要灵活。但是小松在做题时还是效果欠佳。没有办法，妈妈只能采用最耗时的学习办法，从书店给小松买来大量的习题。小松为了完成妈妈布置的学习任务，每天都要加班学习，甚至周末也没有玩耍时间，但是遇到陌生的题还是一筹莫展。

类似小松这样的孩子，在学习中存在一种思维惰性，不愿意动脑筋去思考，只是被动地接受。老师教多少他就学多少，从不主动思考，导致学习时效率较低。古人云：学而不思则罔。之所以会出现这种情况，是因为孩子在学习过程中没有摸索到规律方法，不会灵活地学习。

有些孩子在学习中或许没有投入很多时间，可是成绩却很好。总结其中最重要的一个原因：这些孩子知道怎么学习。他们在学习过程中注意力集中，课堂上积极与老师互动，时刻跟随老师的思路不间断地思考。在课堂上思考问题的过程其实是掌握知识的过程，唯有思考过后才知道自己对知识的掌握程度。这样才能在有限的时间内高效率地将知识掌握，课堂之外不需要再花费太多时间就可以取得好成绩。这些会思考的孩子还拥有灵活的做题思路，做题时更是得心应手。

父母教孩子学会思考，孩子会带着问题去学习。大部分孩子能够顺利完成听课的部分而在具体的思考环节犯了难。那么，孩子该如何面对不懂的问题又如何解决这些问题呢？我们在学习中常说举一反三，最好的方法是孩子通过做不同的题型加深对同一个知识点的掌握。将所做习题与老师讲的例题作对比，找到差异，就能看到不同题型，随之转换不同思路。

在面对“死板”的孩子时，父母要帮助孩子养成会思考的好习惯，做事情之前先问个为什么，带着问题去学习。如果父母只是给孩子布置任务要求他完成，孩子会只求速度不求质量。这样做的后果就是孩子在完成任务时不讲究方式方法、不思考，难以寻得捷径。勤于思考的孩子会提前做好准备，整体思考之后再动手做，这样可以随时修正以求得正确答案。

针对培养孩子的思维能力，父母可以从以下几个方面去尝试：

1. 培养孩子的观察能力

观察力敏锐的孩子思维一般很活跃，孩子在面对同样的事物时能看到别人看不到的细节。这个观察的过程实则是孩子思考的过程，有利于提升孩子的思考能力。

父母可以引导孩子进行观察。例如，当孩子每天写日记时，父母帮助孩子回忆一天中重要的、精彩的、记忆深刻的事情，让孩子简单地记录在纸上。然后，再让孩子将每一件事情相关的时间、地点、人物还有对话都对父母简单讲述清楚。此时，孩子的大脑已经自动地对这些事情进行了过滤、筛选，他自己已经能够判断哪一件事最精彩，最值得一记。当孩子做出选择后，会更深层次地回忆这件事情，将之详细地记录下来。总之，当孩子有了这种观察意识后，更加关注生活中一点一滴的变化，会对周围环境等因素仔细观察，从而印象深刻，这样观察能力也会得以提升。

父母在旁边引导孩子观察顺序的过程其实是带领孩子进行思考的过程，可以培养孩子清晰的思路，让孩子在思考问题时能有清晰的脉络。

2. 锻炼孩子的反应能力

有些孩子不是不思考，有可能是反应慢，老师有时讲课较快，孩子会跟不上。面对这种情况，父母要注意培养孩子的反应能力。孩子对事情反应快，思维敏捷，大脑处在快速的运转中，对事物的思考会连贯迅速。

父母在日常生活中可以和孩子进行一些球类运动，比如说打乒乓球、羽毛球，这些球类运动需要孩子集中注意力，并且很快对别人的反击进行回应。孩子长期进行类似的锻炼，会使大脑处在一个活跃的状态下，一旦进行思考，大脑会很快地予以回应。这样孩子在上课时也会更积极地对老师提出的疑问进行思考，对新知识的领悟能力会更强。

3. 增强孩子的独立性

明智的父母在面对孩子提出的问题时，不会直接告诉孩子答案，而是教给孩子解决问题的办法。例如孩子在阅读时遇到不认识的字，父母可以先告诉孩子字典怎么查，等查到这个字之后，让孩子从字形到读音都熟悉了，再了解其意思并用它组词、造句，这样才能让孩子印象深刻。

父母在日常生活中可以从多方面锻炼孩子独立解决问题的能力，遇事要首先思考解决办法。等孩子具备了一定的能力和经验时，他会积极对待问题，思考用更简便的方法解决问题。

方法找对了，孩子进步更快

林爸爸有一对双胞胎女儿，姐姐晓玉，妹妹晓琳。姐妹俩同时成了县一中的学生。可是近来林爸爸却很头疼，因为妹妹晓琳在进入初中后，学习成绩下降得很快。

姐妹俩的性格不太相像，姐姐安静，喜欢看书，能很有耐心地捧着书看上一整天，而且记忆力很好，年纪不大就已经可以背很多诗了；妹妹则不同，聪明机灵，从小就像个男孩子，喜欢爬高摸低，没一刻能安静下来，更不用说捧着一本满是文字的书看一天。

林爸爸和林妈妈一直教导小女儿，要向姐姐学习。他们强迫她每天都必须连续几个小时老老实实地学习或者看书、背诵。因为他们想把小女儿也教育成和大女儿一样安静乖巧的女孩。小学时，晓琳向姐姐学习，每天都趴在桌子上看书学习，可是不同的是，晓玉看书看得很开心，学到了很多，成绩也很好；但晓琳则每每到学习时都如坐针毡，非常痛苦，而且收效甚微，成绩只能勉强及格。到了中学，学习节奏加快了，晓琳就明显跟不上了，学习成绩下降得很快，所以爸爸非常着急。

期末考试后的父母会上，林爸爸很焦急地向姐妹俩的班主任请教为什么妹妹总是不如姐姐安静聪明。班主任认真地告诉林爸爸："您为什么一定就认为晓琳不如晓玉呢？晓琳其实非常聪明，比如在逻辑性很强的数学课上，很多同学想不到的方法，晓琳总能很快想出来。这说明晓琳的逻辑思维很强，脑筋也很灵活，这是晓琳的优点，而且这个优点是安静的晓玉所不具备的。"

林爸爸有些诧异地看着班主任："那按照您的说法，晓玉反而应该学习晓琳吗？"

班主任微笑着说："并不能这样说，因为晓玉的优点也是显而易见的，她喜欢看书，记忆力好，这个优点是略有些急躁的晓琳所不具备的。"

看到林爸爸陷入思考，班主任顿了顿，继续说道："也就是说，两个孩子都是很优秀的，但她们的优秀并不是一样的，您不能拿同一条标准去要求两个不同的孩子。而是应该针对她们不同的优点长处，找到适合她们各自的学习方法。"

林爸爸茅塞顿开，他决定改变对晓琳的教育方式。

事例中的晓琳，活泼好动、善于跳跃思维的她并不适合安静地捧着书自己钻研的学习方法。所以，强行要求她做到安静看书，自主学习是不恰当的。而晓玉用这种学习方法则能取得很大的效果。由此可见，帮孩子找到一个适合孩子自身性格特点的学习方法，是非常重要的。

孩子性格不同，会在学习上有很明显的体现。比如有的孩子安静沉稳，能连续很久待在一个角落里看书。这样的孩子一般记忆力都比较好，在学习上更踏实，也更有耐心，但容易死读书。有的孩子机灵活泼，伶俐好动。这样的孩子一般逻辑思维能力很强，在学习上领悟能力高，能举一反三。有的孩子热情率直，精力旺盛，积极主动。这样的孩子能热情地对待学习，积极探索，但可能持久性不强。有的孩子羞涩内向，孤僻敏感。这样的孩子观察力很强，对文字、数字等要求细致认真的东西很敏感，但羞于表达，很容易感到不自信。

孩子的类型和性格不同，在学习上擅长的能力也不同。所以，要苛求一类孩子在自己的弱项上，达到另一类孩子的强项的水平是不现实的。比如让一个擅长逻辑思维的孩子捧着一本书，用死记硬背的方式去学习，这效果肯定不会好。所以父母不能用适合于别人的学习方式来要求自己的孩子，也不能用自认为好的学习方式来要求孩子，而是应帮助孩子分析自身的特点，帮孩子寻找适合于孩子自身的学习方式。

父母应如何帮助孩子找到适合的学习方法呢？我们有以下几点建议：

1. 相信孩子没有优秀和平庸的差别

父母首先要相信，所有的孩子都是优秀的。不同类型的孩子间没有优秀和平庸的差别。他们都有各自擅长的方面，只不过有些展现在了大家眼前，有些没有为众人所知。要想让孩子展示出他优秀的一面，要看孩子有没有找到一种适合自己的学习方法。

父母最不应该做的就是，在孩子还没有找到并掌握适合自己的学习方法时，仅仅以学习成绩断定孩子的能力，贬低成绩不佳的孩子，否定他的能力。比如，有的父母总会在孩子面前夸赞别人家的孩子，说一些自己孩子不如别人家孩子的话。这些话不但不能激励孩子，让孩子向父母所希望的方向发展，还会打击孩子的自信心，甚至让孩子丧失上进心，进而放弃发掘自己的优点和长处，放弃寻找适合自己的学习方法。

当然父母也不能过于溺爱自己的孩子，一味地认为自己的孩子就是最棒的，自己的孩子一定是正确的。甚至孩子用错误的学习方法也不纠正，只要求孩子有好的成绩。比如有的孩子会用抄袭来换取好成绩，或不认真听课，单纯依靠补习班来提高自己的成绩。这些学习方法都是不正确的，也必定不适合孩子。

只有父母既不溺爱孩子，也不贬低孩子，而是以客观的眼光肯定孩子的能力时，父母才能不失偏颇地了解孩子，进而帮孩子找到合适的学习方法，让孩子发挥出自己的能力，取得更大的进步。

2．应深入了解孩子的性格特点

父母在坚定地相信自己的孩子很优秀的基础上，要更加深入地了解孩子。了解孩子的性格特点，了解孩子因性格特点不同而导致的不同的学习方式，了解孩子在学习上擅长的方面及孩子的学习中的短板。只有在深入了解了孩子的性格特点之后，父母才能对症下药，因势利导地教育孩子，也才能在此基础上帮助孩子找到适合的学习方法。

要想深入地了解孩子，父母可以这样做：

首先，父母要细心观察孩子。父母不要理所当然地按照自己的想法来认定孩子的想法，而是应该通过日常生活中细致地观察，发现孩子在日常生活中所体现出的性格特点，以及学习时的方式特点。

其次，父母还应该和孩子多进行交流。通过孩子自己的诉说，来了解孩子的想法。并以此来认识孩子的性格特点以及擅长与不足之处。

再次，父母还可以通过孩子的朋友了解孩子。孩子总会找和自己相像的，有共同话题的朋友一起玩耍，所以，通过了解孩子的好朋友，了解与孩子关系好的同学同样可以了解孩子的性格特点。

3．帮助孩子找到适合的学习方法

林爸爸从班主任那里了解到了晓琳和晓玉学习的特点后，回来与晓玉和晓琳交流了很久，清楚地了解了姐妹俩在学习上的擅长之处与不足之处，他没有再强迫晓琳学习晓玉的学习方式，而是在与晓琳商量后，为晓琳买了一些题册，因为晓琳认为自己并不适合一直抱着书从头啃到尾这种学习方式，她认为自己更适合在做题时进行主动思考，逐步拓宽思路，举一反三地来联系课本的学习方式。而对晓玉，林爸爸则又为晓玉购买了很多书籍，从辅导书到晓玉感兴趣的诗词散文等书籍，因为晓玉认为自己适合自己钻研的学习方式。晓玉和晓琳用各自的方法学习了一段时间后，晓玉的成绩依旧很稳定地排在前列，晓琳则有了很大的进步。

父母在了解到孩子的性格特点，学习中的擅长与不足之处后，就应该针对孩子的特点，制订适合孩子的学习计划，商定学习方法。

建议父母与孩子一起商量，因为只有孩子自己最清楚自己的长处、短处，自己的耐心等学习上的要素。与孩子一起商量学习方法，不会让孩子产生被动的不良情绪，而且能让孩子有自己掌控学习节奏的成就感。

父母还应该与老师保持良好的沟通。老师是除了父母之外与孩子接触最多的人，而且老师是受过专业培训的教育者。所以，老师能更直接迅速地掌握孩子的情况，也能从更专业的角度分析孩子的特点。父母加强与老师的沟通联系，既能让老师和父母相互了解到更多关于孩子的情况，老师也能为父母提供更专业、更适合的教育方法，以及对于孩子来说更合理的学习方式。

第四章

父母能力强，孩子更独立

父母很成功，孩子更尊重

感恩节到了，老师为了教育同学们感恩，让同学们将他们最想对自己父母表达感谢的话写在卡片上，放学的时候带回家交给爸爸妈妈。

潇潇和深瑶是同桌，老师发现潇潇很认真地在卡片上写着自己要说的话，但却看到深瑶百无聊赖地看着窗外。

“深瑶，你为什么不给你的爸爸妈妈写卡片呢？”老师走到深瑶旁边，低声问道。

深瑶被老师吓了一跳，潇潇的注意力也被老师吸引过来。

深瑶说：“我没什么想对我爸爸妈妈说的，更何况，我妈妈只会打麻将，我爸爸不务正业，他们凭什么让我感恩，凭什么让我尊重？”

潇潇惊讶地抢在老师之前说道：“我爸爸是公司经理，我妈妈是教师，他们知道好多大道理，教会我好多事情，我有好多话对他们说呢。”

老师听完，看着深瑶深深地叹了口气。

“是父母给了你生命，是他们挣钱供你吃喝、上学，即使他们不如其他父母那般尽职，但是你还是应该尊重他们，应该学会客气地跟他们交流。”老师循循善诱地对深瑶说。

最后，深瑶在老师的教导下，给她的爸爸妈妈都写了感恩的卡片，可是，老师还是无法让深瑶改变她那根深蒂固的思想，无法让深瑶打心底尊重父母。

俗话说“龙生龙，凤生凤”，这说明了父母对于孩子成长的影响。成功的父母能让孩子尊重自己，效仿自己，能让孩子在为人处世中学习父母的优秀品质，帮助孩子成为一个成功的人。

对于父母来说，让孩子听自己话的最有效途径就是让孩子尊重自己。然而，一个不务正业的父母、一个穷困潦倒没有远大志向的父母、一个一蹶不振的父母是不能让孩子尊重的。相反，孩子会由衷地尊重那些成功的父母，因为孩子们能从父母的经历中体会荣誉、自信，了解人活着的意义。

深瑶没有学会尊重自己的父母，没有学会感恩，因为在她心里她的父母都不是成功的人，没有志向、不负责任，也没有值得夸耀的事迹。而潇潇却十分敬仰自己的父母，并且愿意学习父母教给她的大道理。从两个孩子观念的差别中，可以看出，成功的父母能得到孩子的尊重，还能对孩子形成潜移默化的影响，让孩子养成良好的品行。

成功的父母对于一个家庭来说很重要，因为成功的父母不仅让这个家有支撑点，让一家人都有安全感，还能让孩子尊重父母、学习父母，让孩子在一个良好的环境中生活，成为一个优秀的人。所以，父母要成为孩子眼中的成功父母，让孩子得到熏陶。关于做一个成功的父母，以下几点建议供父母参考：

1. 做一个有责任感的父母

每个人都有自己的责任，父母的责任就是完成自己的分内之事。作为父母，需要以身作则教育孩子，需要维持一个稳定、和谐的家庭环境。

让孩子开心成长是父母的责任，维持家庭的安稳是父母的责任。当遇到美色、金钱、权利的诱惑时，父母需要谨记，不能够因为身外之物而毁了家庭。

父母还需要谨记，让孩子成为一个优秀的人也是父母的责任，言传身教是让孩子学习的最佳方式，所以父母要有责任感，让孩子也效仿父母，做一个有责任感的人。

一个有责任感的父母能够让家人有安全感，让孩子以父母为榜样，把父母当作心中的英雄，并向父母学习，成为一个优秀的人。

2. 做一个有情有义的父母

有些父母觉得孩子什么都不懂，所以当着孩子的面讨论自己与他人的尔虞我诈；有些父母在教育孩子要无私奉献的同时，却做出“在晴天的时候借给别人一把伞，下雨天的时候就要把伞拿回来”这类事情，让孩子无法分辨是非；有些父母告诉孩子要乐于助人，可是在能帮助别人的时候却没有以身作则，让孩子轻视帮助他人的重要性；有些父母教育孩子要为社会的和平做奉献，却在别人有难的时候落井下石……

孩子就像一张白纸，不明白人情世故，如果让孩子觉得自己的父母做了不道德的事，很可能会让孩子瞧不起父母，甚至可能会怨恨自己的父母。父母的不当行为可能影响孩子的人生观、价值观、世界观，让孩子是非不分、以德报怨。

然而，假使父母能为他人着想，积极帮助家人、朋友，甚至是陌生人，有情有义，就会让孩子觉得自己的父母是有爱心的，是值得依靠的。这不仅能帮助孩子养成良好的行为习惯，还能让孩子尊重父母。

3. 做一个有梦想的父母

有些父母，终日忙忙碌碌，只为家人的一日三餐操劳，但是生活充斥着埋怨，经常因为鸡毛蒜皮的小事与他人争执，甚至对他人追求梦想的行为嗤之以鼻；有些父母，同样终日忙忙碌碌，可是每天还坚持做着一些看似与工作无关紧要的事情，比如一个做司机的父母，每天都抽空读书看报、一个捕鱼的父母，每天坚持上网学习网络知识……他们即使不被理解，却依旧追求自己的理想。

两种父母都能维持家庭稳定的生活环境，可是在孩子眼中，却可能更喜欢每日坚持不懈地追求梦想并且乐在其中的父母，因为有追求、有梦想的父母永远都有不灭的热情与乐观的生活态度。

孩子上了初中，渐渐明白什么是梦想、什么是目标、什么是充实的人生。如果他能有一个坚持追求梦想的父母，就会有一个榜样，多了一分坚持下去的信念。所以，有梦想的父母往往能得到孩子的理解与尊重。

4. 做一个理智的父母

所有成功的父母都能让孩子尊重吗？不一定，可能我们觉得自己很有钱，是成功的，而我们的孩子却嫌弃我们用不正当的方式获得的钱财；可能我们觉得有地位就是成功的，而我们的孩子却鄙夷我们的低俗品位；可能我们满腹经纶，觉得我们胸怀大志，而我们的孩子却瞧不起我们的穷酸样。

所以，父母想要得到孩子的尊重，并不是非要拥有财富、地位、学问等，而是有一颗善良的心，积极进取的精神和理智的头脑。一个理智的父母，能顾全大局，在紧要关头做出正确的决定，让家人平安、快乐地度过每一天。一个理智的有长远目光的父母，能让孩子知道什么是未雨绸缪，知道怎样理性地生活，并试图成为和自己父母一样的人。

强行训练，提高孩子的生活技能

小良上初二了，他性格开朗，结交了很多朋友。他觉得应该举办一些活动让大家的生活更加丰富，于是跟家人商量之后，邀请周末有空的同学到家里做客。

这一天，小良亲自下厨，焖猪蹄、清蒸鱼、小炒菜花、煎饺……同学们都惊讶小良的厨艺，因为大部分同学由于被家人宠得跟皇帝、公主一样，根本不知道怎么做饭、打扫卫生，现在只能为自己什么都不会做而感到害羞。

在大家吃饱喝足之后，小良将桌子上的东西全都收拾干净，然后端上了特色小吃、饭后甜点以及帮助消化的水果。大家高兴地边吃边看电视。这时，小良的同桌钟星忍不住问道："小良，刚才这么好吃的东西全都是你自己做的？太好吃了！"

小良害羞地笑着说道："你夸得我都不好意思了，是我爸爸妈妈教我做菜的，他们担心我以后不能独立生活，所以每次回家都是让我自己下厨，为了换口味我还经常上网去学做菜，今天小露了一手，让大家见笑了。"

同学们听完都叽叽喳喳地议论起来，觉得不可思议。个别女生还害羞起来，红着脸表示自己不会煮菜，并对小良产生了佩服之心。

生活技能对于孩子的未来有着不可替代的作用。在未来的生活中，孩子需要独自生活、需要与别人组成新的家庭、需要融入某些团体……如果孩子在这些情况下没有掌握生活技能，就会给生活带来不便，所以，父母必须重视对孩子生活技能的培养，让孩子有备无患。

所谓生活技能，不仅仅包括日常生活中的烹饪、洗衣、测量血压、骑车等，还包括所有处理日常生活中问题的技巧。

小良的厨艺精湛，给自己的生活带来了快乐，也帮助他维持了良好的人际关系，让他能在小圈子中与他人更融洽地生活。对比其他同学，小良拥有更充实的生活，拥有更强的适应社会的能力。

过于舒适的环境使社会出现了不少高分低能儿。他们虽然成绩优异，但是生活技能缺失，只能靠家人或者朋友帮忙，离开别人的帮助之后就不能独立生活。这类人缺乏融入社会的能力，缺乏作为社会人的必备技能。一旦失去经济基础或者发生紧急事件，他们将进入无助的状态，生活不能自理，更不能很好地工作与生活。

虽然现在的孩子大多都衣来伸手饭来张口，而且，长大后的他们仍然可以请保姆，减轻自己的生活负担、节约时间，所以父母觉得孩子只要有能力挣钱就行，没必要培养孩子的生活技能。其实不然，培养孩子的生活技能可以帮助孩子更好地适应生活，让孩子的生活更加精彩，同时，也能让孩子拥有更强的适应能力，让他在未来的日子里更加轻松地解决遇到的问题。所以，父母要积极培养孩子的生活技能。如何培养孩子的生活技能，以下几点建议供父母参考：

1. 做个睿智的父母

许多孩子不能熟练地掌握生活技能是因为父母不给孩子锻炼的机会，也没有培养孩子的学习的意识。还有不少孩子因为天性懒惰，不喜欢事必躬亲，而他们的父母又疏于管教，让懒惰的孩子意识不到他们也需要掌握生活技能。

事实说明，必须让孩子知道他有学习生活技能的必要，才能让孩子主动动手做他力所能及的事，让孩子接触生活，知道学习生活知识的好处，从而达到培养孩子生活技能的目的。

2. 不宠溺孩子，给孩子多一些锻炼的机会

几乎每一个母亲都有“家庭妇女”的称号，因为她们几乎会把所有家务做完，不让丈夫劳累，不让孩子缺衣少食。除了妈妈之外，爸爸也舍不得让孩子去做家务、学做饭、洗衣服，甚至因为害怕影响孩子休息、害怕孩子遇到危险，所以不教孩子急救知识，不教孩子骑车，不让孩子独自出门。

总之，父母总是不舍得让孩子受半点委屈，使得孩子像个被圈住的金丝鸟，只能乖乖地学习课堂上的知识。

父母想要培养独立的孩子，让孩子更好地掌握生活技能，就必须给孩子提供学习的机会，让孩子能亲自动手、动脑，进而获得这些能力。

在日常生活中，父母可以与孩子一起解决遇到的问题，让孩子接触生活中的问题，熟悉解决这些问题的技能，顺便给孩子讲解生活小诀窍，丰富孩子的理论知识。

3. 积极教给孩子生活技能，让孩子多了解生活知识

有些孩子看到父母解决生活问题，就模仿着父母做，久而久之就学会了那些生活技巧。可是，不是每一个孩子都能无师自通，而且许多孩子不知道这样做是否安全，也不知道用类似的方法解决其他问题是否可行，如果不知道解决问题的原理，就可能导致不良后果。比如有些孩子以为任何情况下水都可以灭火，就用水去扑漏电的地方着的火，导致触电等不良后果，所以父母也要尽教育义务，让孩子更迅速、更正确地掌握生活技能。

父母可以教孩子如何独立生活，教孩子理论知识的同时也提供机会让孩子多锻炼，让孩子知道该怎么学习，并时常监督孩子学习，让孩子熟练

掌握生活技能，掌握独立解决问题的能力。

4. 让孩子相信，自己动手并不意味着低人一等

不少孩子有这么一种想法：“我才不要自己做家务，因为同学们也都不用自己动手，我和别人一样，都是高贵的孩子。”他们把“自己的事自己做”当成是一种低人一等的行为，认为只有没有父母或者请不起保姆的人才需要自己动手。

父母需要帮助孩子摒除这类思想，让孩子相信，学会生活技能有利无害，而且，父母要让孩子知道并不是因为家庭贫困才需要孩子自己动手做事，让孩子亲自尝试只是帮助孩子学会一项新技能，帮助孩子减轻未来的生活负担，让孩子全面发展。

学会放手，让孩子早日独立

薇薇和瑞瑞是邻居，两个孩子从小关系就很好，但是在性格上却有很大差异。薇薇的性格比较安静、沉稳，平时遇到事情常常会自己一个人去解决。而瑞瑞性格比较开朗和外向。用瑞瑞妈妈的话来说，瑞瑞好比是一个小精灵，每天兴致勃勃地说个不停。平时生活中如果遇到了事情瑞瑞会主动地寻求家里人的帮助，薇薇则会想着怎样自己去解决问题。

薇薇的父母做的工作是销售，平时比较忙，在家里待的时间不是很多。在薇薇上小学的时候，父母便不再接送孩子上学放学。瑞瑞的父母如果工作比较忙，瑞瑞的爷爷奶奶会照顾她。所以瑞瑞上小学的

时候基本都是父母接送上学，在学习上如果遇到了什么事父母也会帮助孩子，例如给孩子讲解知识点，请家教老师辅导孩子学习等。瑞瑞的父母认为，孩子在上学时期最重要的事情是好好学习，别的事情应该由父母给孩子解决好。

有时两家的父母在一起聊天，薇薇的爸爸开玩笑地说："我们家的薇薇呀，基本上就是野外放养状态，我和她妈妈啊，都没怎么管过她。"

瑞瑞的爸爸说："孩子呀，还是多管一些好。可是我总觉得我们家瑞瑞没薇薇独立。"

渐渐地，两个孩子都长大了，上了初中。因为学校离家有些远，薇薇选择了在学校寄宿。瑞瑞依然和小学一样每天由父母接送上学。

初一上半学期的时候两个孩子的学习和生活状态都很好，看起来两个孩子都很适应初中生活。可是在初一下半学期的时候瑞瑞的成绩出现了下滑。而且瑞瑞有时候会向父母抱怨学校的同学不好相处。

周末的一天，瑞瑞的父母到薇薇家做客，说起了孩子的学习和生活情况。

瑞瑞的爸爸问薇薇的妈妈，说："你们把孩子一个人放在学校寄宿，你们放心吗？"

薇薇的妈妈笑了笑，说："薇薇从小习惯了独立，我和她爸爸平时也没有时间接送她上学、放学。不如让孩子住学校，方便些。"

瑞瑞爸爸说："我们家瑞瑞好像不太习惯初中生活。初一第一学期还好，到了第二学期孩子的成绩开始下降，与同学相处也不是很融洽。"

薇薇的妈妈说："你们家瑞瑞应该是不够独立吧，我觉得你们对瑞瑞的照顾有些太多了。孩子在学习和生活上的独立是需要自己去慢慢学习的。”

瑞瑞的爸爸想了一会儿，说：“是啊，我和瑞瑞他妈一直觉得把孩子管严一点好，让孩子安心学习。现在想想，父母放手才可以让孩子成长得更迅速啊。”

其实，在我们的生活中很多父母有着和瑞瑞父母相似的经历。在他们看来，自己对孩子照顾得可谓是无微不至，凡事想着帮孩子计划好，安排好，只为了让孩子好好地学习。结果却往往事与愿违，虽然父母精心照顾孩子，可是孩子在待人处世方面的表现却并不尽如人意。

独立性指在与别人相处时不依附、不隶属，依靠自己的力量去做事情。孩子拥有独立的性格是学会独立、自主生活的关键。孩子在性格上喜欢依赖人，不能承担责任，不会独立思考，会影响到孩子今后的发展，给孩子的学习和生活带来不好的影响。

父母都希望自己的孩子能有一个美好的未来，那在孩子的成长过程中不能事事都满足孩子的愿望。时间久了，孩子会失去独立自主的能力。如果父母什么事情都给孩子安排好，规划好，容易让孩子依赖他人，不能自主、独立地做事情。长久下去，孩子害怕遭遇挫折、承受压力，害怕尝试新事物，无法面对突发事件及变故。比如说孩子在学习上遇到了困难，不会主动解决。在与人交往方面遇到了困难，也不会想着怎样缓和关系等。

培养孩子独立的性格，需要父母学会放手。父母教育孩子去学会选择、承担，能够自我服务，不盲目听从他人的意见。孩子要长大，就要学会独立生活。在这个过程中，父母不要担心孩子吃苦，应该让孩子早日独立自主地生活。孩子缺乏独立的个性，主要是由于被过度保护。一般来说，家庭是孩子最强大的保护伞。孩子只要遇到困难，就想寻求庇护。其实，很多孩子也正是在这样的保护下失去了自我判断、抉择、思考的能力，当需要自己一个人去面对困难时，便会觉得手足无措，不知道该怎么办。

父母如何学会放手，让孩子早日独立生活，我们有以下建议：

1. 让孩子在生活上独立，不随意插手孩子的个人事务

父母在让孩子学会独立方面可以首先由家务事做起。比如鼓励孩子自己整理内务，帮助父母分担家务活；在孩子力所能及的事情上让孩子自己动手；在孩子上学的时候鼓励他自己去上学。

在生活中遇到了事情父母鼓励孩子自己做选择。孩子的选择会有幼稚、不完善的地方，但父母要清楚，再不成熟的决定，也是孩子自己的决定。孩子需要这种自我选择、决断的机会。孩子会在失败中走向成熟，个人独立性也会得到提升。

2. 允许孩子反对自己的观点，给孩子发言的机会

有些父母想要在孩子面前树立一种权威，不给孩子发言的机会，其实这种想法是很不好的。强制性的命令可能会让孩子感到压抑，不能很好地表达自己的想法。父母要允许孩子“不听话”、“不讲理”。孩子“不听话”、“不讲理”，这表示孩子具备了独立思考的能力。孩子不愿意服从父母的指令时，父母要鼓励孩子说出自己的想法。孩子的意愿只要可行，就应按他们的意愿来。只有父母放手、放权，才能培养出孩子的独立性。给孩子发言和表达自己观点的机会，也可以让孩子感觉到自己的重要性，觉得无论什么事情都是可以商量的。

3. 和孩子一起适当地“约法三章”，定下原则

父母对孩子放手应该是有原则的，并不是什么事情都由着孩子。父母可以平时与孩子“约法三章”，告诉孩子什么事情可以做，什么事情不可以做。让孩子知道什么是正确的价值观。处于小学和中学阶段的孩子是非观念不是很强，父母应该在平时的生活中给孩子灌输正确的价值观。

父母也可以在生活中和孩子约定一些规矩，比如要求孩子必须先写完作业才可以看电视等。让孩子从小养成良好的习惯。这些规矩在孩子长大以后可以慢慢废除，让正确的价值观念融入孩子的生活中。毕竟，自由的氛围最利于孩子“自我”即独立性的发展。

在生活中培养孩子的独立精神

凡凡从小聪明伶俐，活泼可爱。爸爸妈妈十分疼爱他，爷爷奶奶也是将他视为掌上明珠。在家人看来，只要凡凡学习成绩好，以后考上一个重点高中，上一个重点大学，一定可以成为一个很优秀的人。

凡凡在上小学三年级之前，考试成绩基本上都是班级中等的水平。父母觉得孩子不能输在起跑线上，为了孩子的教育，妈妈特意换了工作，每天抽出一定的时间辅导孩子学习。

在妈妈的精心辅导下，凡凡的成绩果然有了很大的提升。这也让妈妈坚信只要自己对孩子的照顾够全面，孩子的成绩会很优异的。

渐渐地，凡凡上了初中。考虑到孩子在上小学的时候成绩很好，妈妈相信凡凡初中也会有好成绩的。

凡凡上了初中以后，刚开始觉得很新鲜，每天可以接触不一样的人，经常有新奇的事情发生。过了一段时间以后，凡凡的学习压力变得大起来，不仅老师讲课内容变多了，而且作业也很多。有时候上课听不懂，凡凡都不知道该怎么办。有时候放学回家，凡凡会和爸爸妈妈抱怨自己的学习压力变大了，同学不好相处，老师对自己不够好，不会主动给自己讲题等。这时候父母会安慰凡凡这是刚上初中，还没有适应的正常反应。过段时间就好了。

在凡凡初一上学期结束的班会课上，凡凡的班主任与凡凡的爸爸聊到了凡凡的学习和生活问题。

班主任说："凡凡是不是有些内向，我看他平时很少主动与人交流。"

爸爸说："没有吧，凡凡平时还是挺喜欢说话的，性格是外向型的。"

班主任说："初中学习不同于小学，初中的很多知识都是要大家一起讨论的。我看凡凡很少主动地去解决问题。"

爸爸说："孩子刚上初一时和我说过不太适应初中生活，我们本来觉得过段时间可能就好了，可是到现在孩子的学习状态还不是很好。"

班主任说："孩子学习挺努力的，我觉得凡凡的主要问题是独立性不够，遇到问题不会主动地去解决，无论是在学习上还是与人交往方面都是如此。"

爸爸说："是啊，可能是我们做父母的给孩子的照顾太多了。一直都没有注重培养孩子的独立精神。"

生活中的很多父母都可能会遇到类似上文故事中的情况。对孩子照顾太多，却让孩子失去了独立精神，孩子不能够自己照顾自己。

独立精神对孩子的健康发展是非常重要的。独立精神的重要部分是拥有一个独立的人格。独立人格是指人的独立性、自主性、创造性。它要求人们既不依赖于任何外在的精神权威，也不依附于任何现实的政治力量，在真理的追求中具有独立判断能力，在政治的参与中具有独立自主精神。

拥有独立精神是孩子进行价值判断和选择的基础。只有孩子拥有了独立的精神才可以由着自己的内心做出选择，自己解决问题。

拥有独立精神对孩子来说是很重要的。首先，他可以使孩子独立，而独立的孩子从不畏惧来自他人的反对，敢于做自己喜欢的事情，追求属于自己的成功；其次，孩子会更有自信心，现在社会对自我价值的认可至关重要，孩子的自信心是来自内在的力量，他人的肯定或者是否定只是很小的一部分；最后，具有独立人格精神的孩子有宽广的胸怀，可以更好地包容他人，不因生活中的细小琐事而与他人斤斤计较，不过多地计较个人得失。

孩子如果没有独立人格精神，很可能会感到精神空虚，即使面对简单的学习，也很容易会觉得枯燥无聊，难以忍受。一个具有独立人格精神而精神世界充实的人面临同样的学习，从不觉得空虚。一个有独立人格价值的孩子不仅能学习好，也能让生活变得井井有条。用自己的价值取向，以自己的思维方式来决策所处的事情，不受他人的摆布，不随波逐流，时刻都能保持清醒的头脑，无论他人怎么做，自己只按正确的方式来做。

在关于父母如何教导孩子拥有独立精神方面我们有以下建议供父母参考：

1. 让孩子做好自己力所能及的事情，认识劳动的价值

美国父母从孩子很小的时候就采取种种有效的方法，让孩子认识到劳动的价值，比如让孩子自己动手装配自行车，修理小家电，做简易木工，粉刷房间，到外边参加义务劳动，等等。即使是富有的父母，也十分注重对孩子自食其力能力的培养和价值观的教育。日本教育孩子有句名言：除了空气和阳光是大自然的赐予，其余一切都要通过劳动才能获得。父母可以在这一教育观念指导下，教育孩子在学好功课的同时，要求他们利用课余时间做那些力所能及的家务活并多参加劳动。

对那些孩子自己可以完成的事情，比如洗衣服、搬运东西等，父母可以带着，或者要求孩子一起做。让孩子在学会基本生存能力的同时认识劳动的价值。

2. 尊重并培养孩子的独立精神，教给孩子相应的技能

父母可以和孩子直接说清楚拥有独立精神的重要性，给孩子树立正确的价值观念。当孩子要求自己做一件事情的时候父母应该鼓励孩子，尊重孩子的选择，不要一味地泼冷水。比如孩子提出要一个人进行郊游，父母可能会出于治安不安全，或者交通不安全等原因拒绝孩子的请求。这样下去孩子可能一直不敢也不会一个人出去游玩。父母应该告诉孩子出去游玩时要注意些什么，该准备什么，这样，孩子可以在培养独立精神的同时拥有相应的技能。

3. 多带孩子出去旅游，给孩子创造机会

父母可以在生活中多带孩子出去旅游或者参加社会活动，让孩子与社会上的其他人交流，扩大孩子的交往范围。

例如父母可以带着孩子出去旅游，在旅游的过程中会遇到很多未知的问题，这时候可以让孩子与父母共同解决，可以提高孩子在处理事情方面的能力，开阔孩子的视野。如果父母的时间不是很多，可以选择在自己所在的城市里参加一些社会活动，例如去敬老院看望老人，参与流浪动物救助等。让孩子在参与社会公益活动的过程中逐步提高自己的办事能力和责任心，培养自己的独立精神。

适应能力强的孩子少碰壁

默默和兰兰是邻居，两个孩子从小一起玩到大，关系很好。两个孩子上小学时在同一个学校，学校离家有些远。因为父母的工作比较忙，所以默默的妈妈让孩子每天中午放学后去奶奶家，晚上再回家。兰兰的父母觉得还是让孩子在一个环境下生活比较好，孩子到了一个新环境也很容易感到不适应。因此虽然接送孩子上学放学有些辛苦，但是兰兰的父母一直坚持着。

平时生活中，兰兰的父母很少让她出去，认为孩子没必要多去陌生的环境。兰兰也乐得安稳，平时很少出门，基本上都在家待着。

时光流逝中，两个孩子长大了，上了初中。一开始，两个孩子对初中生活都很好奇，觉得初中生活很新鲜，可以认识不一样的人。回家之后两个孩子也会在一起谈论学校里有趣的事情。渐渐地，开学两个月了，初到学校的新鲜劲慢慢退去。默默看起来很适应初中的生活，成绩一直很好。可是兰兰却越来越不适应初中的生活，回家之后经常向父母抱怨学校的同学不好相处。一开始，兰兰的父母觉得可能是孩子没有完全适应初中的生活，过段时间就好了。

初一上学期结束的寒假，一天晚上，兰兰主动和爸爸聊起了自己初中的事。

兰兰低着头，说：“爸爸，我期末考试没考好。”

爸爸说：“嗯，这样啊。你以前成绩不是一直不错的吗。”

兰兰说："初中的环境和小学不一样，我一直都没有习惯。老师经常上完课就走了，没理解的内容不知道问谁。"

爸爸说："老师走了你可以去办公室问老师啊，也可以问同学的。"

兰兰说："可是我对同学都不熟悉，而且，我不想去老师的办公室，我对那里不熟悉。"

爸爸说："不主动接触当然很难适应啊，你要主动去适应环境。"

周末的一天，默默的父母来兰兰家做客，谈到了孩子的学习问题。

兰兰的爸爸说道兰兰在学习不适应新环境，生活和学习状态都不是很好。

默默的爸爸说："我觉得你应该多培养兰兰适应环境的能力。兰兰从小习惯了在一个环境里待着，适应环境的能力没有得到锻炼和提高吧。"

兰兰的爸爸说："是啊，兰兰小的时候我们也没有注意培养过孩子适应环境的能力。觉得孩子长大了，适应环境的能力自然也提高了。"

默默的爸爸说："像默默，现在可以比较迅速地适应新环境。这些能力还是要从小培养的。"

在我们的生活中很多父母可能会有上文中兰兰父母的想法，认为孩子适应环境的能力不需要培养，只要孩子长大了自然就会有适应环境的能力。实践证明，这种想法是错误的。

国内外不少心理卫生专家认为：培养孩子具有良好的适应环境的能

力，是保护其身心健康的关键。一般来说：孩子生活的环境在他们各个年龄阶段都具有相对的稳定性，在这个相对稳定的阶段，他们的衣、食、住、行、游戏、求知和社交等方面都会产生相应的需要，形成相应的习惯。然而，孩子所处的环境不可能一成不变。他们的家庭环境常会因父母工作调动去外地、出国、离异等原因发生变化。随着孩子年龄的增长，孩子从家庭进入小学、中学，生活环境越来越广阔，越来越复杂，新的环境必然对孩子提出新的要求，于是原来的需要和习惯与新的环境产生了矛盾和冲突，必然会使孩子感到不习惯、不适应、不愉快。有的孩子甚至由于环境的变化而引起心理和行为的异常表现。这时候有些父母会觉得既然孩子不喜欢陌生的环境，那就让他一直处在一个熟悉的环境，但是这样下去，孩子可能会一直不适应新的环境。

孩子不仅需要一个相对稳定的成长环境，也需要父母逐渐培养其适应环境变化的能力。

每个人一生中所处的环境和所面对的生活不可能一成不变，一个能适应外界变化，并能随时做出调整的人才能在这个社会中更好地生存。

在关于父母如何培养孩子适应环境的能力方面我们有以下建议供父母参考：

1. 避免对孩子的过度保护，在实践中锻炼孩子的能力

在日常生活中，父母不要过分保护孩子，不要认为孩子在家最安全，不让孩子出去活动，不要因为担心孩子可能会发生什么危险，因而对孩子的活动过多限制。父母的过多限制只会把孩子试试看的好奇心和勇敢精神扼杀在萌芽状态，导致孩子产生依赖心理，缺乏自立精神。反之，如果父母从小就注重培养孩子的独立性，培养孩子养成独立的性格，建立起良好的自信心，那么，等孩子到了一个新的环境，便能很快地适应新环境。

2. 父母要以身作则，教育孩子适应环境

其实父母是孩子最好的老师，在生活中父母可以主动给孩子树立一个良好的榜样。比如父母可以带着孩子一起接触陌生人，进入一个陌生的环境，让孩子知道认识陌生人并不是什么可怕的事情。要积极适应新的环境，积极面对并尽力解决新环境中可能出现的困难。

父母的言行会潜移默化地影响孩子的适应能力。父母有安全感，孩子才不会感到紧张和无所适从。父母要教会孩子独自去适应新的环境，告诉孩子认识陌生人是人生必须经历的事情。

3. 鼓励孩子多参加集体活动，和孩子一起参加社会活动

父母平时要多让孩子参加集体活动，多与人交往，可以很好地培养孩子适应环境的能力。

孩子融入了集体环境，可以锻炼与别的孩子打交道的能力，学会与人交往、与他人进行感情交流。孩子学会主动与人交谈，学会尊重和包容他人，可以让自身更好地成长与发展。

在孩子与人交往的时候，父母不要过分干预孩子的行为。父母能做的就是鼓励孩子在日常生活中要积极参加集体活动，如参加学校、年级、班级组织的各项活动，在活动中以恰当的方式展示自己的特长，让孩子在活动中提高自己，增进与他人的相互了解。这样，孩子才能更好地适应新环境。

父母可以带着孩子多参加社会活动，比如参加公益活动等，让孩子在与陌生人交往的过程中锻炼自己的责任感，培养孩子对陌生环境的适应能力。

父母有生活规划，孩子更独立

苗苗、小燕和棠棠是好朋友，形影不离。今天是周五，苗苗和小燕打算和棠棠明天一起骑车去公园玩，所以放学后，她们找到棠棠，约棠棠一块儿去。

“棠棠，明天你也跟我们去青山公园好不好，反正你新买了一辆自行车，过过瘾呗。”小燕亲昵地说道。

“对呀，我们还没见过你的新车呢，明天骑给我们看看好不好。”苗苗高兴地说道。

“青山公园？是上次春游路过的那个很美丽的青山公园吗？”棠棠有些激动。

“是的。”苗苗边点头边说。

可是棠棠想了想很难过地说：“可是那个公园离我们家好远啊，我怕来不及赶回来。”

苗苗惊讶地问道：“明天星期六呀，又不用上课，不用着急赶回来。”

“我和我爸爸妈妈约定每周周六都去市中心的图书馆看书……”棠棠纠结地小声说道。

“那有什么，我爸爸还让我明天陪他去外婆家呢，结果我说不去他也没有阻止。”小燕不屑地说道。

看着小燕和苗苗期待的表情，棠棠差点就脱口而出：“那我也去吧。”可是，张了张嘴，又想起爸爸妈妈说过生活要有规划，不能随心所欲，于是就变成“我还是不去了，我妈妈告诉过我，生活要有规划，很多事情一旦破例了，就会有第二次、第三次……所以，我还是决定按照原来的计划去做。”

最终，棠棠跟着爸爸妈妈一起去图书馆度过了愉快的一天。

客观来说，父母的主要任务就是维持一个家庭的幸福，而父母的生活规划就是围绕着家庭、事业、健康、理想而制定的。父母的生活规划能让生活变得更加有规律、做事更有效率。更重要的是，父母的生活规划能影响孩子，让孩子形成独立的人格，遇事有主见。

小燕的父母不遵守已定的生活规划，使得小燕的性格也变得随心所欲。相反，棠棠的父母坚持生活规划，让棠棠也受到了影响，所以棠棠能够拒绝诱惑，最终坚持了自己的生活规划，跟着爸爸妈妈去了市里的图书馆。

许多孩子都是容易被诱惑的，当朋友们约自己出去玩时，孩子往往不能做出正确的选择，许多孩子甚至不敢独立地完成某些任务，这些没有生活规划的孩子习惯于依赖他人，养成没有主见的性格。

独立性对孩子来说非常重要，有独立性的孩子有主见，而且在学习、生活甚至以后的工作上更有优势。要教育出一个独立的孩子是有方法的。有规划的父母能让孩子变得独立，能培养出有主见的孩子。所以，父母要做一个有规划的人。关于有规划的生活，以下几点建议供父母参考：

1. 父母要权衡利弊，安排每日任务，并与孩子一起执行

父母需要工作，需要关爱孩子，需要照顾老人，需要锻炼身体……这么多事情父母很难在一天内完成。如果不能合理地分配时间来完成任务，就会顾此失彼。大部分父母总是说“我没有时间”、“计划不如变化

快”、“我每天完成工作已经很累了”，所以日复一日得过且过。其实，只要合理地规划生活就能让生活更有规律，也能给孩子带来一个有条不紊的家庭。

在工作日，父母首先需要工作，下班之后可以制定锻炼计划，而晚上，则可以适当安排一些喜欢的娱乐活动或者和孩子沟通交流。在周末，父母可以陪孩子去游乐园、回老家陪长辈、去图书馆、去看电影，等等。

总之，父母可以将自己必须要做的和想做的事列成表，适当安排行程，让自己的生活更加圆满、高效。

2．让孩子知道合理的生活规划可以培养孩子高尚的情操

拒绝诱惑、坚持不懈、不骄不躁等优秀品质，都是在日常生活中慢慢形成的。合理的生活规划，能让人养成良好的习惯，形成难得的优良品质。

一个生活有规划的人，能够拒绝诱惑，避免生活规划被各种诱惑影响；一个生活有规划的人，为人处世会坚持原则，因为他不容易被内心的情绪所主宰，也不容易被外界的事情所干扰。

要让孩子知道生活有规划能够让人养成高尚的品质，让孩子知道得到就需要付出，同时让孩子明白生活规划不是可有可无，它有助于孩子的成长，培养孩子的良好品行。

3．父母要成为孩子的动力，让孩子知道坚持就是胜利

做一件小事很容易，完成一天的任务很容易，甚至完成一周的计划也不难。但是，让自己日复一日地按计划行事却不是一件容易的事情。

孩子们做事常常是三分钟热度，或许第一次被同龄人邀请去玩时能够坚持己见，按照计划行事，可是，第二次、第三次甚至第四次的时候他们可能就会动摇，抛弃自己的规划跟着小伙伴去做其他事。所以，许多孩子都不能够坚持执行生活规划。

如果父母能以身作则，让孩子知道坚持就是胜利，就能让孩子在面临诱惑的时候理智地做出抉择。想到自己的爸爸妈妈能够拒绝诱惑，完成每日的任务，而且有目标、有方法地生活，孩子也能够变得独立，把时间用在该做的事情上。

第五章 父母会控制情绪，孩子受益大

适当高兴，不让孩子得意忘形

韵之是家里的独生女，从小聪明可爱。父母一直以来很注重对孩子的教育，在韵之上小学一年级的时候，父母便开始刻意培养她的兴趣爱好，例如学钢琴、学书画等。虽然花费有些大，但是父母看着韵之变得越来越优秀，觉得自己的辛苦都是值得的。

有时候，韵之的父母和朋友聊天会谈到孩子的教育问题。朋友问韵之的妈妈："你让孩子参加这么多特长班，不怕累坏孩子吗？"

韵之的妈妈笑了起来，开心地说："孩子还小，我们也不知道她自己喜欢什么，擅长什么。多让孩子参加几个兴趣班等于是激发她的天赋了。现在我们也不要求孩子做得多么出色，只要她以后能有一两样学习之外的特长就好。"

渐渐地，韵之长大了，上了小学五年级。在学校里韵之已经成了一个很优秀的学生。只要在学校一提到她，同学们都会想到韵之多才多艺，不仅成绩好，而且会弹钢琴，也会跳舞。老师们也夸韵之成绩好，写得一手好字。看到孩子在学校表现优异，韵之的父母也很开心，经常在朋友面前大谈自己教育孩子的经验，说自己是如何培养孩子的兴趣爱好，激励孩子好好学习等。有时候，韵之如果恰好在父母身边，甚至会被要求在父母的朋友面前当场跳一段舞，弹一曲钢琴等。

小学升初中的时候，韵之进入了当地的重点中学。这让她的妈妈非常开心，逢人便说自己家的孩子如何如何优秀。一开始，韵之会觉得不好意思。后来习惯了，韵之开始有些骄傲和自满，甚至是得意忘形起来。有一次，韵之爸爸的一个朋友从外地过来出差，顺便来看看韵之一家人。在谈到孩子的教育问题时，韵之表现得异常兴奋，滔滔不绝地说起了父母对自己的教育。顺便问了叔叔家的孩子是不是也很优秀。如果不优秀的话，那应该就是叔叔的教育方式不好，或者孩子笨咯。

韵之的一席话，让父母和朋友都感到非常尴尬，本来好好的一场聚会，结果不欢而散。

后来，韵之的父母越来越觉得孩子有些得意忘形，可是孩子为什么会这样？该如何帮助孩子改掉得意忘形的坏习惯呢？韵之父母不知道该怎么做。

其实，父母是孩子最好的老师。父母的很多行为习惯会直接影响到孩子的性格。例如，上文故事中的韵之父母，因为在生活中常常会得意忘形地夸耀自己的教育方式，夸耀孩子的特长等，耳濡目染，韵之也渐渐养成了得意忘形的行为习惯。

得意忘形，指因心意得到满足而高兴得失去常态。现在社会中，很多父母和孩子可能都会有这样一个不好的习惯，遇到了事情常常因为太过于高兴而不顾及他人的感受。如果父母和孩子经常有得意忘形的习惯，那么与此相对的有一种状态便是“怅然若失”，时不时地会陷入失意、懊恼、心情沮丧等负面情绪。人出现得意忘形的心理状态是很自然的，从某种程度上来说得意忘形是人的一种本能。人的自身欲望在得到满足以后很容易出现忘记了自己的一种状态。在大多数情况下，得意忘形的心理是可以控制的。比如通过个人的修养提升，他人的提醒，或者进入到某个容易让自己静心的环境中待一段时间等。

得意忘形的状态对父母个人生活和孩子的健康良好性格的培养都是有很大危害的。首先，人在得意忘形的状态下很容易在做事之前准备工作做得不好，事情不能成功。例如，很高兴的一次出游，因为太高兴了，而忘记带必备物品，导致一次好好的出游变得不完整；其次，得意忘形很容易让人停止前进的脚步，停留在原地不进步。如果孩子对自己的学习成绩很得意忘形，那孩子很容易染上骄傲的情绪，不再进步。最后，得意忘形很容易让人陷入情绪不稳定的状态。在对一件事情有着极度期待与兴奋以后，一旦事情做得不好，很容易陷入极度失望的状态，这样的情绪化对生活和学习都有着很不好的影响。

关于父母如何教导孩子不要陷入得意忘形的情绪中，我们有以下建议供父母参考：

1. 教育孩子养成良好的行为习惯

孩子在客人面前得意忘形是有多方面原因的，主要有客观和主观两个方面的原因。从客观上分析，是由于孩子的大脑皮层发育尚不完善，稍加刺激就容易兴奋，而孩子又缺乏自我控制能力。从主观上分析，是孩子的行为习惯较差，不懂得应该怎样面对客人。而且感觉到有客人在，父母不好意思训斥自己，因此更加放肆。还有的是孩子表现欲较强，喜欢在众人面前表现。这时候，需要父母在平时的生活中多对孩子的行为习惯加以引导和约束，教育孩子养成良好的行为习惯，教孩子学习待人接物的方法及礼貌行为。在家中，则要培养孩子独立游戏，不纠缠大人，以免妨碍大人做事的习惯。

习惯的力量是很大的，一旦孩子养成了良好的习惯，即使遇到了很高兴的事情，孩子也会彬彬有礼地说出来。

2. 给予孩子适当的奖励或批评

处于小学和初中时期的很多孩子，在世界观、人生观和价值观方面没有很成熟。父母对孩子的表现可以做出一些评判和标准。明确地告诉孩子哪些能做，哪些不能做。这样，孩子的心里便会知道有些表现是不好的，以后不能再继续做了。例如，家里客人来后，父母可以向客人介绍一下孩子的一些情况，稍加夸奖与鼓励。如“我家孩子是个非常懂事的孩子，最会自己玩了”等。当孩子仍按捺不住自己的兴奋时，大人可以继续暗示道：“客人阿姨最喜欢听话的孩子，快去自己玩吧！”

当孩子出现得意忘形的行为时，父母可以在客人离去后与孩子讲道理，让孩子知道对错，明白刚刚自己做得不对的地方。

3. 给孩子适当展示自己的机会，让孩子知道背后的艰辛

孩子有强烈的表现欲望并不是坏事，父母可以在这方面对孩子予以适当地引导。例如，带孩子参加一些比赛、活动等，让孩子尽情发挥自己的才艺。同时父母也要让孩子明白每一分收获都是有付出的。要学会看到背后的辛苦，不要一味地赞美自己光鲜亮丽的表面。

父母也可以多对孩子说说别人的付出，要学会多看别人的长处。每一个人的成功都是经过努力的，要学会看别人的优点。

父母控制愤怒，让孩子学会理智

道若上小学二年级，聪明伶俐，性格外向活泼。道若的父母在孩子身上寄予很大的期望，希望道若长大后可以出人头地，做出一番事业。

道若上一年级的时候，家里人给他报了武术班，一是希望孩子

强身健体，二是希通过武术把孩子锻炼成一个真正的男子汉。与此同时，父母对道若的学习也没有放松，无论父母每天下班回家有多晚，都不忘检查孩子的作业，看看哪里做得不够好，哪里需要改正。父母的苦心没有白费，从一年级到小学毕业，道若的考试成绩一直稳定在学校前三名。如果孩子哪次考试成绩不理想，会招来爸爸严厉的批评，孩子学习会更加努力，下次考试往往可以考出更好的结果。最终，道若以班级第一名的成绩毕业。

在道若的父母看来，孩子的成长需要自己严厉的教育，虽然自己有时候表达的方式粗暴了一些，终究是为了孩子好。

14岁那年，道若上了初中。道若的父母觉得，孩子在小学时成绩这么优秀，初中时也会取得理想的成绩。道若没有辜负父母的期望，虽然初中学习压力更大，成绩也一直很理想。有时候考试结果不好，不用父母督促，道若会很自责，埋怨自己为什么没有考好。

初一学期结束的班会课上，班主任和道若的爸爸谈到了孩子的学习和生活。

班主任说："道若一直以来的成绩很好，学习很勤奋努力。可是，孩子的情绪不太好，一旦题不会做或者考试成绩不理想很容易愤怒，不够理智。"

爸爸说："我和道若的妈妈从小对孩子的学习管得比较严，孩子自己也比较看重成绩。道若愤怒，会不会和他小学学武术有关。"

班主任说："练习武术对孩子的性格可能会有一些影响，大部分原因还是和父母和老师的教育相关。道若因为不理智就得罪了不少同学，虽然我们知道孩子对同学并没有恶意。"

爸爸说："老师，我和道若的妈妈从小对孩子比较严厉，孩子如果做一件事总是做不好，我们甚至会有些愤怒。看来，这样的教育方式不利于孩子养成健康的性格。”

晚上回到家后，爸爸和道若的妈妈说起了今天老师反映的道若在学校的情况。

妈妈说：“你是军人，和一般的父母相比确实对孩子严厉了一些。如果孩子考试成绩不好，我们做父母的也会发怒，想一想，这些年我们只关注孩子的学习成绩，没有多注意孩子的情绪。”

爸爸说：“以前看到道若因为考试成绩不理想而自责，觉得这是孩子上进的表现，现在看看是孩子不够理智。以后，我们做父母的要控制愤怒，让孩子学会理智。”

其实，在我们的日常生活中，很多父母有着道若父母类似的想法，觉得自己对孩子严厉一些是为了孩子好。父母在孩子面前生气、愤怒，只是想让孩子知道事情的重要性。殊不知，父母的这种做法可能会在孩子的心理留下阴影，让孩子越来越不理智。

理智，是孩子的一种心智能力，类似于直觉、感觉。当我们说一个孩子是理智的，代表他的行为都是经过思考，考虑过对错、前因后果，是有道理，合乎逻辑的。理智，也指孩子的认识、理解、思考和决断的能力。

让孩子学会理智是非常重要的。1. 理智可以让孩子拥有更清晰的思维。无论在学习还是生活中，理智可以让孩子迅速了解现实，知道怎样去做才能收获成功。其次，理智可以让孩子更好地走向成功。理智的孩子做事一般是三思而后行，了解基本的道德规则和社会规范的约束。人作为社会中的人，需要一定社会规范的约束，理智的孩子更懂得多方位思考问题。例如，在保护环境的问题上，有些孩子为了方便自己而随地丢垃圾，理智的孩子则会从社会中大多数人的利益出发，考虑到丢垃圾会破坏环境，会影响城市景观，选择把垃圾放进垃圾桶。可见，理智的孩子在处事上更为成熟，更容易获得成功。最后，理智可以使孩子更有自信心。理智可以使孩子明确自己的实际情况，知道自己要的是什么，该做什么事，不会患得患失。孩子在掌握了自己的实际情况后，可以更有准备，更加自信地解决问题。

如果父母经常在孩子面前表现出愤怒的情绪，对孩子的成长是有很大危害的。处在小学和初中阶段的孩子心理发育不成熟，很容易受到父母情绪的影响。父母的愤怒很容易让孩子产生畏惧心理，不敢对父母说实话，遇到问题的时候不敢和父母沟通，压抑自己内心的情感。时间长了，孩子的性格可能会扭曲。

关于父母如何减少愤怒，让孩子更理智方面，我们有以下建议供父母参考：

1. 帮助孩子了解自己的实际情况，建立合理的成功期望值

孩子的理智需要建立在对自己充分了解的基础上。父母帮助孩子了解自身的实际情况，可以让孩子更理智。例如，父母可以带孩子外出旅游，锻炼孩子的环境适应能力。在一个陌生的环境下，孩子的很多潜力会被激发出来。

父母针对孩子的实际情况，可以帮助孩子建立适合自身发展的奋斗目标，教育孩子脚踏实地地学习。处在小学和初中阶段的孩子常常会耐心不足，急于求成。父母可以帮助孩子制订合理的计划表，找到适合孩子的目标，鼓励孩子为之努力奋斗。

2. 父母言传身教，正面教育孩子

孩子要理智，需要父母多从正面教育孩子。很多时候，孩子对自己并没有明确的评价，很重视父母对自己的评论。孩子如果经常受到父母的呵斥，往往会丧失自信心。一旦遇到困难往往会紧张不已。例如上文故事中的道若，父母经常严厉批评孩子，导致道若不够理智，对自己没自信，一

旦考试成绩不好，会责怪自己不够努力。其实，偶尔一两次考试成绩不理想是很正常的情况。

父母要让孩子理智，要使自己的孩子有坚强的自信心并保持积极进取的精神状态，就需要多表扬、鼓励，多肯定孩子所取得的成绩。让孩子相信自己，理智地对待生活中的得与失，成与败。

3. 教给孩子正确的价值观，用理性考虑事情

孩子不理智，一部分原因是孩子思考问题的方式不正确。父母需要教给孩子正确的价值观，让孩子知道判断事情的标准是什么。有了正确价值观的指导，孩子在遇到事情以后就会知道如何面对，不会惊慌失措。

父母过分悲伤，孩子也会哭泣

诗诗上小学三年级，性格外向乐观，平时在学校学习很努力，在家里也很听话，一直是父母眼中的乖孩子。父母对诗诗特别疼爱，不仅在生活上无微不至地照顾孩子的衣食起居，而且也经常督促孩子要好好学习。

诗诗的妈妈是作家，喜欢看一些文学类的小说和杂志，也许是因为特别喜欢文学的原因，诗诗的妈妈经常会陷入小说的情节，看到小说里面的人高兴也会跟着开心，看到令人伤心的情节也会忍不住啜泣。诗诗的妈妈平时在家里进行写作，爸爸在一家广告公司上班。生活中，诗诗和妈妈的接触多一些。

诗诗上小学的时候，只要一放学回家，经常兴高采烈地和父母说

起学校里发生的新鲜事。例如，老师又讲了哪些新知识，同学今天说了什么好听的笑话等。父母听着诗诗讲述在学校里发生的事，爸爸妈妈经常会有不一样的反应。爸爸比较喜欢听诗诗讲学校里的事，听了孩子讲述的好玩的事情，常常会哈哈大笑。妈妈则觉得孩子上学关注那些与学习无关的事情，只是在浪费时间，很可能会影响到诗诗的学习成绩，以后考试成绩不好，怎么能考上重点高中啊。如果诗诗在学校里遇到什么不顺心的事情，诗诗的妈妈也是以悲观的态度看问题，觉得孩子不会处理人际关系等。

一开始，诗诗不是很在乎妈妈的情绪，觉得妈妈是想多了。可是渐渐地，诗诗看问题的方式开始受到妈妈态度的影响。遇到事情也开始以消极的心态对待，常常会陷入烦恼中。在诗诗上了初一以后，遇事消极的态度也影响了她的学习成绩，考试成绩总是不理想。

在初一结束的父母会上，诗诗的爸爸和她班主任交流了孩子在学校的情况。

班主任说："诗诗在学校也不能算是一个内向的孩子，不知道为什么，这孩子遇到问题的时候总是往消极的方面想。"

诗诗的爸爸说："诗诗小时候是个很乐观的孩子。可能是她妈妈比较多愁善感吧。毕竟是母女，可能诗诗受到妈妈的影响比较多。"

班主任说："父母的情绪很容易影响到孩子，情绪的好坏对孩子的成长是非常重要的。"

诗诗的爸爸说："嗯，以前我们可能没有注意到这个问题，回家之后我和诗诗，还有她妈妈交流交流。"

班会课结束的晚上，诗诗的爸爸主动和她妈妈谈到了今天班主任反映的事情。诗诗的妈妈说："是啊，想想看，以前诗诗是个多乐观的孩子。这些年可能是我的情绪影响到了她。"

诗诗爸爸说：“以后我们多注意，尽量给孩子传递乐观的情绪。”

从那以后，诗诗的妈妈开始慢慢改变自己的情绪，让自己处在乐观的状态，诗诗也开始变得越来越活泼，学习成绩也在稳步上升。

其实，在我们的生活中很多父母可能都会像上文中诗诗的妈妈一样，没有注意到自己情绪会影响孩子。父母是孩子生活中接触最多的人，处于小学和初中阶段的孩子因为身体和心理发育没有完善，很容易感染父母的情绪。

情绪，是对孩子一系列主观认知经验的统称，是孩子多种感觉、思想和行为综合产生的心理和生理状态。无论是孩子的正面还是负面的情绪，都会引发他们行动的动机。情绪可以被分为与生俱来的“基本情绪”和后天学习到的“复杂情绪”。基本情绪和原始人类生存息息相关，复杂情绪必须经过人与人之间的交流才能学习到。父母对孩子的情绪影响一方面是遗传，一方面是孩子的后天行动。

如果父母的情绪过度低落、悲伤，很容易影响孩子的情绪，给孩子的学习和生活带来负面影响。首先，父母的情绪过分悲伤不利于孩子的学习。学习需要一个积极向上、主动探究的心态。如果父母的情绪不好，很容易传染给孩子，孩子的情绪也会变得消极，不利于孩子的学习。其次，父母的悲伤情绪可能会使孩子越来越没有信心。孩子在成长的过程中需要父母的赞美和鼓励。如果父母对孩子做的事情都不做正面积极的评价，会使孩子对自己越来越没有信心。再次，父母的悲伤情绪会影响孩子的价值判断和价值选择。孩子的世界观、价值观和人生观还没有完全成熟，需要父母的指导，如果父母一味地抱有负面情绪，不利于孩子正确价值观的形成。

关于父母如何给予孩子正确的情绪影响方面，我们有以下建议供父母参考：

1. 父母适当表达情绪，让孩子明白情绪是正常的心理状态

父母如果有了情绪，可以直接地说出来，告诉孩子为什么自己会高兴、会悲伤等。例如，妈妈在家里心情很不好，感到烦躁，可以直接说出来原因，是因为工作不如意，还是身体不舒服等。让孩子知道妈妈的负面情绪并不是无缘无故产生的。

如果孩子看到父母陷入悲伤情绪中，可能不敢去问父母为什么会这样，担心被父母斥责。其实，父母可以直接和孩子沟通，告诉孩子情绪不好的原因。让孩子知道自己的悲伤是有原因的，不要让孩子多虑。

2. 以适当的方式舒缓情绪，和孩子一起成长

如果父母有了悲伤等负面情绪，可以以适宜的方式舒缓情绪。舒缓情绪的方法很多，比如，痛哭一场、找三五好友诉苦一番，用逛街、听音乐、散步等方式，转移自己的注意力，不要被悲伤的情绪控制，做出伤害自己也伤害他人的事情。父母在舒缓悲伤情绪的时候一定要选择合适的方式，要想着如何化解悲伤情绪，化阻力为动力。在适当的时候，父母可以和孩子一起探讨如何化解悲伤的情绪。孩子的心灵是单纯而善良的，他们思考问题的角度往往比父母要独特。如果父母可以和孩子一起讨论，既可以增加孩子的经验，父母也可以和孩子一起成长。

3. 父母遇事冷静，给孩子树立一个良好的榜样

父母在遇到事情以后要去冷静分析，想想负面情绪出现的原因是什么。冷静是解决事情的最好方法。淡定从容，方能无所畏惧。在学习和生活上父母都是孩子最好的榜样，如果父母遇事慌里慌张，孩子很可能受到父母的影响。父母的悲伤情绪很大一部分原因是没有控制好自己的情绪，没有冷静地分析事情的利与弊，得与失。

父母在有悲伤情绪的时候可以想想自己是孩子的榜样，自己的行为会直接影响着孩子的性格，要努力控制自己的情绪，给孩子树立一个好的榜样。

关注孩子的情绪变化

燕燕上小学三年级，性格比较外向，晚上放学回到家后经常向父母说起学校里发生的新鲜事。燕燕在妈妈工作的小学上学。燕燕平时常常去妈妈的办公室玩。一来二去，老师们也都认识了燕燕，在学习和生活上也比较照顾她。

燕燕上小学的时候，燕燕的妈妈经常给她补习功课，辅导学习，学校里的老师也比较照顾她。因此，燕燕小学时的成绩一直很理想。在平时周末不上课的时候，燕燕会去离家不远的培训班，有时候学跳舞，有时候学弹钢琴。在小学的时候，燕燕不仅学习成绩优秀，也是学校里的文艺标兵，学校里大大小小的文艺活动基本上都能看到燕燕的身影。

爸爸妈妈希望燕燕可以有一个快乐的童年，平时如果燕燕有什么要求，父母基本上都会满足。有时候燕燕闹闹“大小姐”的脾气，要求非要父母给她买什么东西，带她出去玩之类的。爸爸妈妈也会尽量满足孩子的要求。

燕燕上四五年级的时候，开始有了爱美的心理，在学校看到了别的同学穿新衣服，回家也闹着让父母给她买。如果父母不答应给燕燕买新衣服燕燕常常会生气，如果父母买了燕燕很喜欢的衣服，燕燕会很开心。为了让孩子开心，燕燕的父母基本上都会答应孩子的要求，顺着孩子心意，做她喜欢的事情。

燕燕13岁那年升入了初中，初中生活不同于小学，孩子平时接触的人和事更多，也对孩子的能力提出了更大的挑战。刚开始的时候，燕燕很喜欢初中，觉得学校里有很多新鲜的人和事，放学回家之后，经常兴高采烈地和爸爸妈妈说起学校里发生的事情，聊聊老师今天教的新知识。可是初一上学期的几次考试，燕燕的考试结果都很不理想。

在学校的一次家长会上，燕燕的爸爸和班主任聊起了孩子的事情。

燕燕的爸爸说："燕燕平时在学校的成绩怎么样？和同学们相处得融洽吗？"

班主任说："刚开学的时候燕燕的成绩很好。在文艺方面也是个积极分子，会跳舞、会弹琴，同学们都很喜欢她。"

燕燕的爸爸说："刚上初中的时候，燕燕经常回家和我们说起学校里发生的事，看得出来，燕燕很开心。可是，燕燕在初一上学期的几次考试中，成绩都很不理想。"

班主任说："燕燕这孩子啊，很聪明，也多才多艺。可是情绪不太稳定，一点小事就可以刺激孩子的情绪。有时候因为一点事情心情不好，就没法进行学习。"

爸爸说："我和燕燕的妈妈一直觉得孩子只要学习好就可以了，没有注重过孩子的情绪变化。"

晚上回到家以后，燕燕的爸爸和燕燕妈妈说了今天班主任反映的问题。燕燕妈妈说："是啊，我们这些年只顾着让孩子快乐，没有注重孩子的情绪变化，这样可不行啊。”

生活中，很多父母可能都像上文故事中的燕燕父母一样，觉得只要让孩子开心就好，不用太多的关注孩子情绪变化。其实，教育孩子的重要一部分便是：重视孩子的情绪变化。

孩子常见的情绪有喜、怒、哀、惊、恐、爱等，有时候也有一些细腻微妙的情绪如嫉妒、惭愧、羞耻、自豪等。无论是孩子的正面还是负面的情绪，都会引发行动的动机。有时候父母会觉得孩子的行为看上去没有经过思考，实际上也是孩子情绪的表达。

根据儿童教育学相关研究：6岁以前的情感经验对孩子的一生具有恒久的影响。小学和初中阶段是培养孩子具有稳定、正确情绪的关键时期。如果孩子情绪易变，经常出现负面情绪，会很大程度地影响孩子今后的个性发展和品格培养。在孩子上学以后，则会影响到孩子的身心健康与人际关系的发展。父母一项重要的工作便是及早重视孩子的情感要求并对孩子的情绪做出正确的判断，帮助孩子认识、了解和控制自己的情绪，帮助孩子做好“情绪管理”。

父母重视孩子的情绪变化是非常重要的，上小学的孩子一般已经学会使用一定的策略来掩饰自己的情绪，已经掌握了简单的表现规则。例如，孩子在做了大人禁止做的事情后，为了逃避惩罚，掩饰自己的负罪感，常常会掩饰自己的真实情绪，开始撒谎。父母如果了解了孩子的情绪变化，可以了解孩子的真实想法，更好地去教育孩子。

关于父母如何重视孩子情绪变化方面，我们有以下建议供父母参考：

1. 要允许孩子有情绪发泄，引导孩子控制自己的情绪

孩子的任何情绪，都是孩子性格中的一部分，父母应该让孩子真实呈现，坦然面对并了解孩子的情绪变化。例如，如果孩子因伤心、难过而哭

泣，父母可能会说：不要哭，哭是懦弱的表现。让孩子压抑自己的真实情绪。孩子以后遇到事情的时候就不去发泄，而是会竭力回避、压抑自己的情绪，很可能会转化为暴躁、易怒等不良情绪。父母也难以了解孩子的真实想法。

父母应冷静地处理孩子的情绪变化，引导孩子控制自己的情绪。在孩子产生负面情绪的时候，建议父母可以采取以下引导步骤：观察孩子的行为——通过思考弄明白孩子为什么要这样做——想一想孩子此时的情绪是什么样的——怎么做可以舒缓孩子的情绪——冷静下来，引导孩子控制情绪。

在孩子产生不良情绪之后，父母应该和孩子一起分析产生不良情绪的原因，总结经验，告诫孩子下次要控制好自己的情绪。

2. 教会孩子从多方面看待事情，教会孩子正确认识事情

孩子之所有情绪，是因为对事情的了解不够透彻，每件事情不同的人观点会不同，会产生不同的情绪反应。所以，父母可以通过改变孩子的认知，进而改变孩子的情绪。比如，孩子因为考试成绩不理想而烦躁不安。父母可以引导孩子对考试结果进行重新评价，告诉孩子这次考试让他看到了自身的不足，知道要更加努力地学习，这样，下次考试就可以考好了。父母引导孩子从另外一个角度看问题，可以让孩子学会多方位、全面地看待事情，提高孩子对事物的认知程度。

老子说“福兮祸所伏，祸兮福所倚”，生活中的很多事情都是可以相互转化的，没有什么事情是值得人们太过于高兴和悲伤的。要教育孩子不要有太大的情绪变化，学会从多方面认识事情。

3. 带孩子多出去散心，转移注意力

生活中，父母可以多带孩子出去散心，让孩子感受人生的乐趣，感受大自然的美，从中陶冶情操，这会利于帮助孩子提高自我控制力。例如，

周末的时候父母可以带着孩子去公园散散步、放风筝，或者观赏花卉等。美丽的风景常常能使人心情愉悦，心情得到自然的放松。孩子在这样的环境下待久了，心态也会更加平和，情绪会更加稳定。

父母在和孩子一起外出的时候，可以引导孩子忘掉生活中的不愉快，转移注意力。可以和孩子讨论一下公园里有哪些品种的树，今天有没有遇见自己要好的朋友等。孩子的注意力一转移，浮躁的心情便会逐渐安定下来，甚至会自动消失。

疏导孩子的负面情绪，让其健康快乐

爱之是家里的老小，上面还有一个姐姐，名字是瑞之。两个孩子虽然在一个家庭中长大，但是两个孩子的性格却有很大差异。姐姐瑞之更为外向活泼，平时喜欢出去玩，喜欢结交不一样的朋友。虽然也遇到过一些困难，瑞之总是会以乐观的心态面对，独自解决困难。相比较而言，妹妹爱之更为内向，周末的时候常常待在家里看书，不喜欢出去玩。

瑞之比爱之大两岁，两个孩子都在离家不远的一所学校读书，瑞之是五年级，爱之是三年级。爸爸妈妈平时很注重两个孩子的学习，经常督促孩子按时完成作业，寒暑假期间也会为孩子请家教。加上两姐妹自身的努力，瑞之和爱之的成绩一直很理想。

渐渐地，孩子长大了，瑞之进入了当地初中，乐观开朗的性格使她在学校认识了很多好朋友，如果在学习上遇到了什么问题瑞之也喜欢和同学交流，因此，初中时瑞之的成绩也很优秀。

两年后，爱之也升入了初中，可是，爱之对初中的生活却远远不如姐姐更适应。有一次和妈妈聊天，爱之聊到了自己对初中的看法：初中的同学更多，人际关系更加复杂；学习内容更多，压力变大；学校离家更远，每天上学放学不方便等。爱之说了一大堆升入初中以后学习和生活上的不方便。

在初一结束的家长会上，爱之的班主任和爱之的妈妈聊到了孩子的情况。

班主任说："爱之平时是不是很消极啊。"

爱之的妈妈说："爱之这孩子确实不是很乐观，看事情常常会往不好的方面想。她还有个姐姐瑞之，比她大两岁，平时很乐观，生活上更加独立，成绩一直很好。"

班主任说："爱之是个很聪明的孩子，学习也很努力，可是孩子常常会有负面情绪，导致孩子学习效率低，希望你回家以后好好教育孩子。如果情绪可以像她姐姐一样乐观，相信爱之的成绩也会稳步上升的。"

爱之的妈妈回到家以后，和爱之说起了今天班主任反映的问题。爱之说："妈妈，我也不知道为什么，我经常用消极的观点看问题，常常有负面情绪。"

妈妈说："这也是我和你爸爸对你的教育不够好，这些年都没有怎么关注你的情绪问题。其实，学会舒缓你的负面情绪对你的成长和发展是很重要的。"

在我们的生活中，很多父母可能都像上文的爱之父母一样，只关注孩子的学习问题，不懂得主动舒缓孩子的负面情绪。

心理学上，把孩子的焦虑、紧张、愤怒、沮丧、悲伤、痛苦等情绪统称为负面情绪。人们之所以这样称呼这些情绪，是因为此类情绪体验是不积极的，孩子的身体也会有不适感，甚至影响孩子正常的学习和生活，进而有可能引起身心的伤害。父母学会舒缓孩子的负面情绪是有重要作用的。首先，舒缓负面情绪可以提高孩子的健康状况。负面情绪使孩子心情低落，常常会引起孩子食欲不振，甚至精神紧张等不良刺激。其次，舒缓负面情绪可以提高孩子的自信心。孩子长时间处于负面情绪影响下，很容易做事萎靡不振，往往做事情会失败。舒缓孩子的情绪，可以给予孩子更多鼓励，让孩子相信自己有能力去做好事情。再次，舒缓孩子情绪可以培养孩子乐观的性格。如果孩子长时间处于低落的情绪中，很容易养成消极的性格特点。如果父母可以及时疏导孩子的情绪，可以使孩子养成开朗乐观的性格。

孩子的情绪发展对其个人的性格发展有着深远的影响。情绪可以作为孩子与他人沟通的一种方式，表达孩子内心的喜怒哀乐。例如，如果孩子微笑，则表示他喜欢这个事物。爱笑的孩子通常更容易获得父母师长的喜爱，并受到其他孩子的欢迎。相反，如果孩子易怒、爱哭，不仅父母师长不喜欢孩子的这种状态，同伴也往往对孩子敬而远之，容易使孩子受到孤立。情绪影响孩子的认知发展。当一个孩子的情绪处在积极状态时，往往更喜欢学习，思维敏捷，想象大胆、丰富并具有创造性。而当孩子情绪处在消极状态时，多数情况为沉默、呆板、反应迟钝且少言寡语。情绪还影响孩子性格的发展。孩子有着稳定持久愉快的积极情绪特征容易形成稳重、乐观、活泼等好的人格特征；如果孩子长时间陷入消极情绪，则容易形成多疑、孤僻、易怒等不良人格。

如何舒缓孩子的负面情绪，我们有以下建议供父母参考：

1．培养孩子广泛的兴趣爱好，转移孩子不良情绪

父母可以培养孩子多方面的兴趣爱好，鼓励孩子积极主动地投入各种

活动中去。培养孩子的兴趣爱好可以让孩子结交到更多志同道合的朋友。如果孩子遇到了困难，可以向朋友倾诉。在孩子表现出负面情绪的时候，不要让孩子长时间地将自己束缚在不喜欢的事情上，教会孩子学会转移自己关注点，消除不良情绪。

例如，周末的一天，果果因为没有写好数学作业而烦躁不安，果果的妈妈知道孩子擅长讲故事，于是，妈妈对果果说："果果，你先给妈妈讲个故事好不好？"果果听了很高兴，讲完故事之后消极情绪也无影无踪了，又开开心心地投入到学习中。

当孩子在遇到挫折或冲突时，父母不要让孩子的思想总是陷入引起冲突或挫折的情绪中。要引导孩子尽快地摆脱这种情境，投入孩子感兴趣的其他事情中去。利用兴趣转移孩子的负面情绪，不仅使孩子的不满情绪得到良好的发泄，还能使孩子的心理得到健康发展。

2. 假设可能发生的消极情绪，让孩子自己思考应对策略

父母可以在生活中多和孩子讨论关于情绪的话题，假设如果孩子出现了负面情绪，孩子自己和父母该怎么做。父母可以对孩子的情绪体验、感受，假设出一个合适的场景，引导孩子表达出自己的感受，一起商量并讨论出合理的解决方法。例如，父母可以和孩子假定，如果期中考试结果不理想，孩子要怎么避免消极情绪。在假定之后，让孩子自己想着将会发生什么事，学会解决矛盾。让孩子通过讨论，自觉地按照父母和孩子都能接受的方法去做。经过这些关于产生消极情绪该怎么办的假设，孩子可以学会如何正确地宣泄不良情绪。

3. 父母充分理解孩子，允许孩子适当宣泄自己的负面情绪

孩子的负面情绪一旦产生，父母应该给予孩子一定的空间让孩子宣泄情绪，不要一味地压制孩子的情绪。精神分析学派的奠基人弗洛伊德充分肯定了情绪宣泄对维护心态平衡的作用。他认为，讲出一切来，能减轻精

神上的症状。当孩子遇到挫折或者感受到不愉快时，让孩子表达自己的情绪，可以减轻他心理上的压力。哭，是孩子情绪宣泄的一条重要渠道。在很多情况下，哭使孩子在紧张状态中变得轻松了一点。如果父母强行压制孩子哭，只会让孩子内心不良的情绪体验变得更加强烈。倾诉，也是孩子常用的一种方法，孩子如果向父母倾诉自己的负面情绪，父母应该给孩子适当的同情、理解、安慰和支持，允许孩子适当宣泄自己的负面情绪。

公共场所，孩子闹情绪怎么办

芷晴是家里的独生女，从小父母便把她视为掌上明珠，真是“捧在手里怕掉了，含在嘴里怕化了”。只要芷晴有什么要求，父母基本上都会满足。芷晴也是个聪明的女孩子，不仅学习成绩一直很理想，而且待人很有礼貌，和同学们相处得也很融洽。

芷晴的父母比较喜欢安静的地方，周末没事的时候喜欢在家看看书，看电视。芷晴也受到父母习惯的影响，很少出去玩。周末的时候基本上都在家。

在爸爸看来，芷晴就是家里的小公主。虽然有时候孩子会闹情绪，父母觉得这也是孩子可爱的一种表现，爸爸妈妈并不放在心里。

在芷晴上三年级的时候，班主任打电话让芷晴的父母去一趟学校，主动和芷晴的爸爸沟通了孩子在学校的一些情况。

班主任说：“芷晴成绩很优秀，也很聪明。平时在家是不是很听父母的话？”

芷晴的爸爸说："芷晴呀，心情好的时候挺听话的，心情不好的时候我和她妈妈也拿她没办法。只能由着孩子的心性来，她喜欢做什么，就让她做什么。"

班主任说："哦，芷晴在家里也会闹情绪，是吗？"

芷晴的爸爸说："偶尔会。"

班主任说："芷晴呀，性格也挺外向的，不过有时候在班里会闹情绪。如果芷晴心情不好，很容易影响到自己的学习，也会影响同学的情绪，这样可不行啊。"

芷晴的爸爸和老师沟通之后，晚上回到家和芷晴妈妈沟通了孩子的问题。芷晴妈妈说："芷晴闹情绪确实不太好，可她还小，长大懂事了，自然就好了。"

周末的一天，芷晴的妈妈带着芷晴逛商场买衣服，芷晴喜欢上了一件衣服，需要800多元，妈妈身上没有带这么多钱，没办法给芷晴买。妈妈对芷晴说："芷晴，妈妈这次带的钱不够，下次再来给你买，好不好？"

芷晴说："不行，妈妈，我就要这件衣服，下次再来可能就没有了。"

妈妈说："下次没有了我们就买别的漂亮衣服，不行吗？"

芷晴突然大声哭起来，不愿意走，哭着要妈妈一定买那件衣服，引得很多路人凑过来观看。妈妈没办法，只能打电话给附近的朋友，让朋友先过来帮忙付钱，买下了芷晴喜欢的那件衣服。

晚上回到家后，芷晴的妈妈和爸爸说起了今天在商场里发生的事。爸爸说："孩子平时在家里闹情绪，我们忍一忍，顺着孩子的心意也就过去了。可是不能让孩子在公共场合闹情绪啊，这样影响多不好。"

其实，在我们的生活中，很多父母都会或多或少地遇到过上文故事中类似芷晴的情况，在这种情况下，父母常常会感到很无奈，不知道怎么办才好。

孩子在公共场所闹情绪的原因一般有以下三种：第一，父母过分溺爱孩子。父母爱孩子没有错，但是如果一味地溺爱孩子，有求必应，很容易让孩子觉得父母答应自己的请求是应该的。有些时候，孩子也会在公共场合利用父母有求必应的特点，来实现自己的愿望。父母这样的教育方式会助长孩子的暴躁性格。例如上文中的芷晴，很想要那件漂亮的衣服，但是妈妈没有及时满足她的要求，于是孩子就大声哭闹，引来外人旁观。妈妈为了息事宁人，最后还是给孩子买了。妈妈的做法虽然暂时制止了孩子的哭闹，但是在孩子心里留下一个解决问题的方法，觉得自己下次还可以用这个招数。第二，孩子经常遭受挫折，也会导致孩子经常闹情绪。处于小学和初中阶段的孩子，正是成长的关键时期，内心常常会有一种强烈的想自立、想把控事情的愿望。第三，心理和健康问题也会导致孩子闹情绪。身体不适、生病都会影响孩子的情绪控制能力。一些孩子遇到一些不如意的事情，很容易失去自制能力。如果孩子的心理压力过大，有时候想要释放找不到合适的地方，在公共场合孩子很有可能会闹情绪。

关于父母如何应对公共场所孩子闹情绪的问题，我们有以下建议供父母参考：

1. 认真倾听孩子的想法，并积极回应，表达自己对孩子情绪的接受

当孩子闹情绪时，父母应该全神贯注、认真倾听，孩子会感受到来自父母的关心。让孩子觉得更安心和安全，同时更愿意向父母诉说更多的事情。父母不仅仅是用耳朵，也需要用眼睛、用实际行动“倾听”孩子的倾诉。例如，父母看到孩子脸上紧皱着眉头、失神的眼睛、沮丧的表情时，

可以走到孩子身边，拍拍孩子的肩膀，安静地陪孩子坐着，即使不说话，孩子也能感觉到父母的关心和陪伴。

在倾听孩子想法的同时，父母可以对孩子的描述和情绪表现做出反应。这样可以让孩子感觉到父母在认真聆听，而且，孩子不舒服的感觉在父母这里有了发泄的渠道和安放的场所，可以慢慢舒缓孩子的情绪。

2. 父母在生活中注重对孩子良好情绪的培养，和孩子“约法三章”

父母在平时的生活中应该注重对孩子良好情绪的培养，给孩子讲道理，告诉孩子如果他在公共场合闹情绪，会对别人造成什么困扰，教会孩子学习尊重别人，学会控制自己的情绪。

父母可以和孩子一起立下关于控制孩子情绪的约定。例如，如果孩子遇到事情不烦躁，父母可以给予孩子适当的奖励。如果孩子在公共场所闹情绪，父母可以给予孩子相应的处罚。如果孩子因为闹情绪变得不可理喻时，父母可以把孩子带到一个安静的地方，告诉他：“如果你觉得已经不生气了，就可以出来和我们一起玩。”通过类似的方法逐步调节孩子的情绪。

3. 教会孩子合理地表达自己的想法，尊重孩子的合理要求

孩子一旦在公共场所闹情绪，有些父母为了让孩子停止哭闹，常常会采取一些简单粗暴的方法。其实，这些做法是错误的。处在小学阶段的孩子有时候表达能力不是很强，例如，孩子心里不高兴，可能不会说出来，而是用一些用跺脚、尖叫甚至是哭泣来表达自己的不高兴。这时，需要父母教给孩子正确表达自己的意愿、需要、情绪的语言。

当孩子表达出自己的情绪以后，父母可以根据孩子的要求决定要不要答应孩子的请求，尊重孩子的合理请求。

第六章 家庭气氛好，孩子的心理更健康

保护完整的家庭，让孩子不孤僻

过去，慧慧的父母感情非常好，两个人相敬如宾，一直是别人眼中的模范夫妻。父母经常一起接慧慧放学、逛超市，周末还会带慧慧出去玩。慧慧生活在这样和谐轻松的家庭氛围里，自然就养成了天真烂漫的性格。但是，慧慧从幼儿园升小学的时候，爸爸的生意遇到了困难，随之而来的是家里债台高筑，虽然爸爸天天筹钱借钱但生意仍不见起色，爸爸妈妈开始为了还债争吵和打架。他们吵架时也不顾忌慧慧在不在旁边。起初慧慧看到爸爸妈妈吵架时会哭着求着他们不要吵了，习惯之后也不插嘴了。慧慧的性格逐渐变得孤僻，不像之前那么活泼开朗了。在慧慧三年级的时候，父母离了婚，慧慧跟了爸爸。

父母离婚对慧慧的打击很大，老师了解到事情真相后找慧慧谈话："慧慧，虽然你的爸爸妈妈离婚了，但是你要知道，他们都是爱你的。你要尽快调整自己，尽量不要影响到学习。"

慧慧在老师面前哭着说："他们已经不爱我了，以后就我一个人了。"老师对此很无奈，在之后的一段时间，老师经常找慧慧谈话，但结果却不太理想。

此后，慧慧在课堂上经常走神，也不愿意和同学们交流。不出所料，慧慧的成绩一落千丈，爸爸妈妈对此很内疚，认识到离婚对女儿的打击。虽然他们希望慧慧能像以前一样快乐成长，但已经无法弥补离婚对女儿产生的伤害。

上例中，慧慧在父母感情破裂之前生活在一个气氛和谐的家庭里面，因此，在父母出现极端行为时会惊慌失措，心理上更会较之前产生落差。她在父母离婚之后，与父亲一起生活，缺少来自母亲的关怀，性格变得孤僻。

慧慧在父母离婚之后有一种被抛弃感，从而变得敏感，心理上与外界隔绝，不愿与周围人交流。事实证明，成长在破裂家庭的孩子，因为父母离婚的原因，得不到家庭的温暖和正常的教育，相较于正常家庭的孩子，更易形成悲观、孤僻等不良性格。

保护完整的家庭，有利于孩子的成长。在完整的家庭结构中，父亲、母亲、孩子缺一不可。父母和谐相处，孩子就会有安全感。在和谐的家庭环境中长大的孩子会积极乐观，信心十足，待人和善，热爱学习。相反，在只有父亲或母亲的家庭中成长的孩子得不到另一方长辈的关爱，会缺少安全感，容易紧张和焦虑。这样的孩子性格敏感、易怒，经常为家庭问题分心。他们的学习成绩一般不太理想，做其他事情也不够专注，这样很难成就大事。

保护完整的家庭，首先要尝试用和平方式解决家庭成员之间的矛盾。家庭环境中父母紧张的关系会成为孩子心理创伤的背景。父母应做到以和平方式解决矛盾，互相之间不恶语相向、拳脚相加，为孩子营造一个轻松的家庭环境。如果父母为了孩子的健康成长寻求最佳解决办法，孩子会更爱父母。

为了孩子的健康成长，父母可从以下方面营造家庭氛围：

1. 家庭成员互相尊重，形成良好的亲子关系

肖强读初中三年级，担任班里的班长。过去两年，初三（二）班在肖强的带领下每年都获得优秀班集体的荣誉。同学们都很佩服肖

强，他们认为肖强不但责任感强，而且在决策班级事务之前会先询问大家的意见再民主决策。

其实，肖强之所以倾听大家的意见，不仅出于对大家的尊重，更是家庭氛围的影响。从肖强记事起，父母会主动让肖强参与到家庭事务中去。首先他们会理性帮助肖强做出分析，再让他做出判断与选择，全家综合意见再做决定。

有一次，肖强的父母想给他报一个特长班，但在选择方向上犯了难。爸爸想让肖强学习下围棋，他认为这样可以锻炼肖强的思考能力。而妈妈则希望肖强学习弹吉他，这样可以在学习之余放松心情。在父母的意见出现分歧时他们对肖强说："强强，我们的意见是学围棋或者吉他，你自己有什么想法吗？"

肖强思考之后对父母说："爸爸妈妈，我想学习下围棋，放松的方式很多，我通过其他途径也能放松。"

最终父母选择尊重肖强的选择。在这样一个家庭成员互相尊重、平等的家庭里，肖强耳濡目染地学会了民主决策并将之运用到班级管理上面。

家庭成员之间互相尊重爱护，具体表现在夫妻、父子、母子相互尊重与爱护。如果父母因为自己是长辈而压制孩子，认为孩子小就不询问孩子意见，强制性为孩子做出决定，孩子会缺少活力，凡事依赖父母。当父母尊重孩子让孩子参与家庭事务中，那么孩子的主人公意识会越来越强烈。亲密的亲子关系不仅仅表现在父母参与到孩子的学习生活中去，更重要的是与孩子心灵上的契合。如果父母与孩子能够互相尊重，那么家庭气氛会更加民主和谐，孩子更自信、开朗。

2. 父母双方都要参与到孩子的教育中去

保护完整的家庭，不仅仅是让孩子生活在父母不离婚的家庭就可以了。在一个家庭中，父亲和母亲分别扮演着不同的角色。他们都需要投入一定的时间、精力去教育孩子。通常情况下，女孩子在成长过程中缺少父爱，在青春期易出现与异性交往问题。男孩子缺少父爱，不易形成男子汉性格，比较懦弱。相反地，女孩子成长过程中缺少母爱，会过度依赖父亲，独立能力较弱。男孩子缺少母爱，则容易被父亲管制过严产生逆反心理。

所以，孩子的健康成长，必须有来自父母双方的关心与爱护，这才是我们说的完整的家庭。

3. 家庭破裂后要更关注孩子

春雪读初中三年级，生活在父母离婚后的单亲家庭。虽然家庭成员只有妈妈，她却没有受到父母离婚的影响，依旧活泼开朗。春雪和父亲的关系也很好。父亲会经常来看春雪并和她交流，时刻关注孩子的成长，春雪有了烦恼也会告诉爸爸。

春雪的父母在离婚之前坦诚交流，承认婚姻中的问题。他们不像其他离婚家庭的父母那样在感情破裂之后吵架、打架，对破裂的婚姻雪上加霜。他们分别与春雪进行交流，向春雪说明了他们婚姻中存在的问题以争得春雪的理解。更重要的是他们让春雪明白，即使父母离婚，对她的爱依然不变。春雪虽然伤心，但还是尊重父母的决定。

在父母离婚以后春雪和妈妈一起生活，开始时她对爸爸的离开很害怕。事实证明，爸爸对她依然很关心，不仅隔三岔五来看望她，还经常通过学校老师来了解她的情况。春雪也尽快调整了自己的心态，生活得以回归正常轨道。

上例中，父母对离婚的妥善安排，能极大地降低离婚对孩子生活的影响。他们承认婚姻中存在的问题，将问题向春雪说明，求得她的理解。最重要的是向春雪说明并且以实际行动来告诉她，父母离婚不会改变对她的爱。这样，春雪只是不与爸爸生活在一起，但是父女关系却没受到影响。关注孩子的心理变化并且正确引导孩子不分心，这样孩子才不会偏离正常的生活轨道，适应生活上的变化。

家庭气氛紧张，孩子会感到恐惧

蓉蓉读小学二年级，平常不爱说话，也不像其他孩子一样活泼。课下蓉蓉也不和同学们一起玩，经常一个人坐在座位上发呆。老师上课提问时，蓉蓉很怕老师叫自己回答问题，总是把头低下。当老师叫蓉蓉回答问题时，她好几次很紧张地说："我……老师我不会。"

这天，蓉蓉放学回到家里，看到爸爸妈妈又在吵架。妈妈站在沙发前面指着爸爸说："你看你天天忙，时间浪费不少也没见挣回来多少钱，咱家是越过越穷了。"

爸爸从沙发上站起来对妈妈吼道："你现在嫌我没出息了，那你走啊！"

爸爸看到刚进门的蓉蓉并没有停止和妈妈争吵，蓉蓉吓得站在门口不敢说话。终于两人吵累了，妈妈进了卧室，爸爸推开蓉蓉说了句"一边去，看见你就烦"，之后就出门了。

爸爸妈妈经常为一些生活琐事争吵。蓉蓉对父母吵架很敏感，担心放学回家后又要面对家里父母的争吵，久而久之变得不爱与人交流了。

上例中，蓉蓉的紧张情绪和她内心的恐惧分不开，面对父母的争吵她无能为力，更怕波及自己。父母一遇矛盾就争吵，不分时间场合更不注意蓉蓉的情绪。父母这样做不仅让孩子过于敏感，更会让孩子受惊吓。父母如果为孩子考虑以文明方式解决矛盾，就能一定程度上给孩子营造和谐的家庭气氛，从而帮助孩子健康成长。

父母吵架会给孩子带来很多负面影响。父母在吵架时经常会提高声音，甚至还可能有肢体动作，这些表现会增加孩子的恐惧感，让孩子惊慌失措。父母在吵架时因为情绪激动就会忽略孩子的情绪，当他们无视孩子的哭喊时，孩子会受到惊吓甚至产生一种被抛弃的感觉，从而加剧内心的恐惧。

更严重的是父母的争吵会增强孩子的攻击性。夫妻之间在吵架时，大多数时候已经脱离合理的争论，在争论升级成争吵后，往往很多粗话、脏话会脱口而出，给孩子留下一个刻薄、丑陋的形象。孩子具备很强的模仿能力，父母在争吵时的语调、形态、姿势等会被孩子看到，孩子以后也会如此对待身边的人。换个角度看，父母一有分歧就争吵，会让孩子觉得争吵是解决问题的办法。这样孩子在解决自己的问题时也不会克制怒气，采用争吵的方式来解决问题。

长期生活在这样的环境下，孩子的性格未来可能会出现两种倾向：一种是暴力倾向，孩子对他人充满攻击性，性格刻薄。在生活中也会因为一点小事和周围人争吵，不利于形成良好的人际关系。另一种是自卑过度，孩子在父母争吵时的恐惧感让孩子战战兢兢。在他人面前过于自卑，不敢参与竞争，也不信任他人。

为了孩子的成长，父母要做到以下几点：

1. 父母最好不要吵架

父母需要尽量控制情绪，不要让争吵发展到无法收拾的地步，这样才能减轻孩子的恐惧感。父母要控制情绪，首先需要明白自己为什么生气，因为工作压力还是夫妻感情问题，只有找到原因，才能缓解自己的消极情绪，不影响到他人。

2. 吵架时尽量避开孩子

李宁读初中二年级，周围的同学都很喜欢李宁，大家都愿意和他做朋友。这是因为李宁对周围的人很和善，他从不和别人争吵，只会温和地对别人解释说明。李宁的父母在这一点上做得很好，在他们有矛盾的时候虽然会争吵，但是会先把李宁支开。这天，妈妈出差回来，看到家里好几天没有收拾，爸爸正带着李宁吃泡面。妈妈很生气，指责爸爸不讲卫生，还给孩子吃这么不健康的食品。

眼看要从争论升级到争吵了，爸爸看到李宁在一边坐着，就对李宁说："你先去找隔壁的鹏鹏玩儿去，爸妈解决了事情你再回来。"

李宁虽然忐忑不安，还是听话地出去了。一段时间后，李宁回到家里，爸爸正在做清洁，妈妈在厨房做饭。看到爸爸妈妈没有吵架，李宁开心地帮助爸爸打扫起了卫生。

上例中，父母在吵架时支开李宁，不让父母的负面情绪影响到孩子。在孩子离开之后再进行沟通，这说明父母认识到大人的情绪会波及孩子，让孩子离开是保护孩子的一种方式。有些父母在吵架没有结果时还会冷战，这样会给孩子带来更大的心理伤害。为了保护孩子，父母最好在更加激烈的争吵发生之前先让孩子远离争吵环境。

3. 父母吵架后要当着孩子的面和好

父母在吵架后要当着孩子的面和好，不让孩子处在担惊受怕的情绪中。父母吵架和好后可以亲亲孩子或者抱抱孩子，让孩子说出他的担忧与害怕。父母可以帮助孩子转移注意力或者直白地解释原因，最终以行动或语言让孩子明白他们已经和好了，这样才能排解孩子内心的不安情绪。

如果父母在争吵过后能认识到错误并且明白争吵并不是解决问题的最好方法，敢于承认错误，这对孩子来说也是一个好榜样。父母承认错误，说声道歉不仅有利于矛盾的解决，更有利于家庭的和谐，孩子是最大的受益者。

父母焦虑，孩子更紧张

李翔读小学五年级，本来是一个开心玩耍的年纪，但他每天都闷闷不乐的。李翔看到身边的同学每天开心地玩耍就非常羡慕。他也希望自己能够每天自由安排时间。可是妈妈对他生活的安排，他却不得不服从。周一到周五放学后，妈妈给李翔报了辅导班，所以李翔放学之后只是从自己的学校转到辅导班继续学习，回到家里妈妈还要检查学习成果。

李翔最喜欢过的就是周末了，因为终于有两天的时间是属于自己的。自己写完作业之后就能自由安排剩余的时间了。但是，周五晚上妈妈突然到李翔房里对他说："翔翔，妈妈想给你报个特长班，你看李阿姨家的彤彤今年才三年级就开始学画画了。咱们已经比她们晚了，你更要努力啊！”

李翔不想把自由的周末也用来学习，就着急地对妈妈说：“妈妈，周末不要给我安排特长班了，我学习很累的，周末需要休息。”

妈妈回答李翔：“翔翔，妈妈都是为你好，多掌握一门特长对考大学找工作都有帮助。虽然你现在辛苦一点，以后就能轻松了。再说周末只去上半天特长班，一天写作业还有半天可以休息的。”

李翔很无奈，但是却无法拒绝妈妈，只得答应下来。李翔带着抵触情绪去学画画，水平难以提升不说，还会把这种焦虑情绪带到正常的学习中去，学习成绩也下滑了。

从上例中我们可以看到，李翔的学习压力过大，做不到劳逸结合。妈妈只顾孩子的学习成绩而没有关心孩子的心理健康，导致孩子在学习过程中过于焦虑影响到学习成绩。

现代社会竞争很激烈，每个人的压力都很大。父母为孩子的未来担忧，担心现在不给孩子打好基础孩子在未来会被社会淘汰。因此在孩子还小的时候父母就给孩子报特长班。这一方面增加了孩子的学习负担，另一方面更会增加孩子的焦虑情绪。孩子的焦虑情绪非常容易受到父母的影响，如果父母对孩子的教育采取揠苗助长的方法，效果只会适得其反。

父母的焦虑情绪还表现在对孩子安全问题的担忧，主要表现有：参加户外活动时危险性较大，是否让孩子参与；孩子结交的朋友是不是爱学习，会不会带坏自己的孩子；孩子在父母不在身边时遇到坏人怎么办等等。在孩子的安全问题上，父母的过度担忧不仅使孩子失去了玩耍的乐趣，更缺少了成长锻炼的机会。孩子受父母的影响，做事情会瞻前顾后，容易错过有利时机。

父母为孩子建造一个温室，孩子就真的能够安全吗？毕竟父母的陪伴不是长久一生的，唯有教给孩子生存方法才是长久之计。父母应调节自身的焦虑情绪，帮助孩子选择适当的生活学习方式。在满足孩子需要的同时也给孩子选择的权利，减轻孩子的不安情绪，使孩子得以真正放松。

针对父母的焦虑情绪，以下几点建议供父母参考：

1. 适度照顾孩子

萌萌5岁的时候生过一场大病，妈妈认为是自己没有照顾好萌萌，从那以后就对萌萌无微不至地关怀。萌萌过上了衣来伸手饭来张口的日子。妈妈很注意萌萌的饮食，凉的东西绝对不能吃。更不让萌萌和其他小朋友长时间玩耍，刚玩一会儿妈妈就会喊萌萌回家。

萌萌上三年级了，爸爸认为再这样严格管教萌萌会阻碍她的正常发展。于是爸爸和妈妈商量换一种教育方式，对孩子适当放手。爸爸妈妈周末带萌萌参加户外活动，多让她晒晒太阳。萌萌和别的小朋友也玩儿得很开心，小脸儿红扑扑的。一段时间之后，妈妈发现萌萌的身体好多了，也不经常生病了。爸爸妈妈也总结经验，以后不能老管着孩子，孩子活蹦乱跳对身体也好。

上例中，无论妈妈是出于爱还是出于愧疚去管束萌萌，都表现了妈妈对萌萌身体状态的过度担忧。妈妈认识到孩子身体不好时，最重要的是帮助孩子锻炼身体，让孩子以积极的心态面对疾病。父母适度照顾孩子，不让孩子的健康问题影响自己的情绪，给孩子一个积极的心理暗示，孩子会更轻松。

2. 减轻孩子的压力

父母要正视孩子的学习成绩，但不给孩子沉重的心理压力。父母担忧孩子的学习，一种情况是孩子学习成绩不理想。为了提升孩子的学习成绩，父母给孩子找老师补课，为孩子买来各种习题册让孩子做。或许会有一时的好结果，但更多时候孩子会产生厌学情绪，成绩更不理想。另一种情况是孩子学习成绩不错，而父母为了让孩子掌握更多的技能，就给孩子报各种特长班。这样做孩子可能会压力过大，无法兼顾学业和特长同时提高。

当孩子学习成绩不理想时，父母要抱着只要进步了就要表扬的心理。当父母淡化自己的焦虑情绪后，看到孩子的进步就会满足。另外，人无完人，父母不能太过苛求孩子。特长只是孩子的兴趣爱好，锦上添花已经足够。如果孩子喜欢、感兴趣，愿意在爱好之上取得更大的成绩，父母要让孩子明白坚持的重要性和吃苦的精神。对孩子不喜欢的，父母不能强求，让孩子学些基础知识就可以了。

3. 阅读可以让孩子心态放松

正如适当的运动能够促进身体上某些疾病的恢复一样，读书可以帮助孩子消除心理上的疾病。通过阅读能够帮助孩子舒缓焦虑的情绪。阅读可以静心，无论父母还是孩子情绪焦虑时如果能够拿本书开始读，只要被故事情节吸引进入忘我状态，就会摆脱焦虑情绪。当然，对于孩子来说，应该根据他所处的年龄段选择相应的读物，读后才能达到静心的效果。

阅读能力强的孩子具备强大的自制力、专注力，能够通过与书本的对话将注意力转移，缓解自己的焦虑情绪。父母帮助孩子放松，带孩子读书无疑是一种放松心情的最佳选择。

孩子的忌妒心有时源于父母

丹丹读三年级，是个很爱美的女孩子。每天都要妈妈给她穿上漂亮的衣服再梳个漂亮的发型才肯出门去上学。丹丹在班里很受同学们的欢迎，大家都夸丹丹漂亮。这天，丹丹去了学校，上课的时候班主任李老师身后跟着一个小姑娘，是班上的新同学。这位新同学一进班里，大家就哇地叫了出来。原来，这个小姑娘叫媛媛，不仅长得非常漂亮，和同学们说话也轻声细语的。过了一段时间，媛媛和班里同学熟悉了，下了课大家就簇拥在她的身边和她说话做游戏。

丹丹很伤心，她忌妒媛媛长得漂亮，大家都喜欢她不喜欢自己了。她回家对妈妈说：“妈妈，明天我要穿新裙子。我们班有个女生可漂亮了，我一定要超过她，这样大家才会和我一起玩。”

丹丹妈妈一听这情况就立刻去商场给女儿买了漂亮的新衣服，第二天把女儿打扮得漂漂亮亮的，并对女儿说：“我们丹丹最美了，谁也没有我的女儿漂亮。”

丹丹开开心心地去学校了，可是结果却不如她想的那么好。大家还是围绕在媛媛身边，丹丹的忌妒心爆发了，开始对别的小朋友说媛媛的坏话

“媛媛长得不好看。”

“媛媛今天穿的裙子真丑。”

…………

大家越来越不喜欢丹丹了，丹丹身边的朋友越来越少，她却还认识不到原因。

上例中，丹丹因为大家不再以她为中心而忌妒媛媛，甚至在背后中伤媛媛。丹丹之所以忌妒心这么强烈和妈妈的教育有关系。妈妈在看到女儿和别的小朋友攀比时没有及时了解情况还助长女儿的攀比心理。这让女儿的忌妒心愈演愈烈甚至无法控制，最终造成大家的远离。父母在发现孩子的忌妒心时，应首先了解来龙去脉，知道孩子产生这种心理的原因。这样，妈妈可以帮助丹丹缓解心理落差，让丹丹不再以自我为中心。还要告诉丹丹大家并不仅仅因为媛媛漂亮才喜欢她，而是因为媛媛对待其他同学态度诚恳，她没有丹丹那么高高在上。妈妈应及时帮助丹丹认识到自身的不足，并帮助她改正，这样才会受到大家的欢迎。

孩子产生忌妒心理的原因有很多。首先，孩子爱慕虚荣，有的孩子以自我为中心，事事想得到大家的认可与关注。当自己所期许的荣誉被别人得到时会产生忌妒心理。其次，是孩子自身的个性缺陷造成的。有些孩子受到父母的过分宠溺与娇惯，容易形成要强、好胜的性格。凡事先从保护自己的角度出发，不争强好胜。当身边不如自己或者与自己处在同等水平的人超越自己时会立刻产生胁迫感，这种胁迫感会使孩子内心产生不公平的情绪，最终产生忌妒心理。再次，孩子的忌妒心理与父母的教育分不开。有些父母经常拿自己的孩子与别人家的孩子作对比，父母否认自己的孩子，孩子内心会产生自卑心理，这导致孩子忌妒心的产生。

适当的忌妒心理能够让孩子感受到压力，但是，如果孩子的忌妒心过于强烈，会造成严重的后果。如果孩子经常忌妒他人，性格会过于极端，这会使孩子的内心更痛苦。这种消极的情绪不仅对孩子自己不利，也会使他人远离孩子。同时，忌妒心也不利于孩子进步。

帮助孩子克服忌妒心可从以下几个方面努力：

1. 正确认识孩子的忌妒心

父母在面对孩子的忌妒心时通常会有两种反应：一种是顺应孩子的忌妒心理，满足他在物质上的需要；另一种是帮助孩子寻找忌妒心产生的原因，并帮助孩子消除这种忌妒心理。显然，第二种反应更有利于孩子的成长。父母站在孩子的角度寻找孩子忌妒的原因，知道孩子缺少的东西并补足孩子的内心缺陷。

如果孩子因为爱慕虚荣忌妒他人，父母要及时帮助孩子认识到虚荣心的坏处，虚荣心会让孩子养成爱花钱、爱攀比、爱浪费的坏习惯。父母越早发现越能帮助孩子养成勤俭节约的好习惯，并且最终消除孩子的忌妒心理。另外，如果孩子因为个性太强，处处想争第一，这种求胜心理固然是好的，但我们常说“过犹不及”。过强的竞争心让孩子一直处在心理重压下，接受不了失败。父母此时要引导孩子不仅要有好胜心，更要有向他人学习的精神。这个时候，虚心向他人请教远比忌妒他人进步得更快。

2. 帮助孩子找到自身优势

李芳读初三，各方面都挺优秀的，就是接受不了失败，每一门考试都想考班里第一名。一旦在学校的比赛中没有拿到理想的名次就回家自己生闷气，不搭理爸爸妈妈。李芳的爸爸妈妈很担心女儿。他们知道李芳学习很刻苦，但偶尔失利之后对她的影响很大。李芳在学校最大的竞争对手苗苗不仅学习好，体育也很好，在运动会上代表班里参加了好几项运动项目，还取得了不错的成绩。李芳的好胜心被激发出来，她也报名参加了3000米跑步，但无奈受身体条件的制约，名次并不理想。

李芳回家之后又生气了，这时爸爸和李芳谈心说：“芳芳，爸爸为你的努力、上进心感到非常高兴，但是爸爸又为你的身体担忧。你的身体素质并不适合做运动员，你能够参与到运动会中已经很棒了。爸爸希望你能认识到自己的优点在哪里，不要事事与人争第一。爸爸心中的李芳乖巧、听话、学习好，跳舞也很棒，你有你自己的生活方式，何必忌妒别人呢？尤其是这种不合理的忌妒，爸爸这一次要批评你。”

李芳很难过，但是也听从了爸爸的话，找到了自己的优势，不再随意忌妒他人。

上例中，爸爸帮助孩子找到了自身的优势，帮助孩子树立起自信心。很多忌妒源于自身的挫败感，当这种挫败感以一种不合理的方式存在时，父母必须给予孩子指导，使孩子不因为别人的优秀而贬低自己。当孩子树立起信心并且明白自己的优势所在，就不会随意忌妒他人，这样孩子才能够健康成长。

3. 利用一定的忌妒心促进孩子进步

父母帮助孩子合理利用嫉妒心理，将嫉妒控制在合理的范围内。在合理范围内的嫉妒是孩子在认识到自己不足时产生的进步动力。父母要激发孩子的这种心理，例如偶尔夸赞别人比孩子优秀，哪方面比孩子做得好，更重要的是告诉孩子如何做也能取得进步。这样会激发孩子对胜利的渴望，他会以积极的态度学习，进步更快。

肯定孩子，避免其破罐子破摔

岩岩上小学三年级。最近，班里准备选举少先队员，为了获得这个荣誉，岩岩每天刻苦学习，还常常帮助值日的同学打扫卫生。功夫不负有心人，岩岩以很高的票数通过了选举，成了一名少先队员。回到家后，岩岩迫不及待把自己的徽章展示出来。本以为会获得爸爸赞扬，谁知爸爸看了一眼徽章后，撇了撇嘴说：

“就是个少先队员啊，你大伯家的玲玲刚上一年级时就已经参加了少先队员，你都上三年级了才参加少先队，这有什么值得骄傲的。”

听了爸爸的话，岩岩一句话也没有说回到了房间。

岩岩的英语成绩一直不好，经常在及格线徘徊。每次爸爸拿到试卷后都会数落他一顿：

“你怎么这么笨呢？就那么几个单词也记不住。”

为了证明自己并不笨，岩岩更加发奋学习英语。他向班里学习好的同学请教学习英语的方法，每天背单词背到很晚才睡。在期末考试中，他的英语成绩第一次上了80分。他把卷子拿给爸爸看，爸爸只看了一眼就把卷子放在了一边。

无论自己怎么努力，爸爸也不会看到自己的进步，也从没有夸奖过自己，岩岩失去了学习的信心。渐渐地，他染上了网瘾，还经常逃课去网吧。每次爸爸把他从网吧找回来都会狠狠地批评他，但是下次岩岩还会继续去上网。看着孩子自暴自弃的样子，爸爸后悔极了。

上例中的岩岩为了得到爸爸对自己的肯定，十分努力地学习，但是当岩岩取得了不错的成绩后，爸爸却没有及时地鼓励他。爸爸在教育孩子的过程中忽视了照顾孩子的情绪，从而给孩子造成了一些伤害。岩岩的信心遭到了打击，也失去了努力的动力，这让他产生了负面的情绪，变得自暴自弃。

生活中，有的父母希望自己的孩子各个方面都是最优秀的，所以一旦发现孩子有什么缺点就会很在意。很多父母经常挑剔孩子，总拿自己孩子的短处和别的孩子的长处比较："怎么又是不及格，看看人家欢欢，每次都是90分以上，你就不能像人家学学？"或者"吃完饭也不知道收拾碗筷，人家老刘家的女儿都会做饭了，你连个碗也不会洗。"父母在说这些话的时候，或许只是想让孩子向别的孩子学习，但是这样的否定，却给孩子造成了很大的伤害。

许多父母奉行着"棍棒底下出孝子"的教育方式，这些父母认为孩子犯了错就应该被打，否则就不能改正。事实上，对孩子过度的体罚，不仅达不到教育孩子的目的，同时还会伤害孩子的自尊心。最后只会让孩子和父母之间的距离越来越远，话越来越少。

自暴自弃的孩子会有很大的心理压力，当孩子的不良情绪累积到一定程度后，他们就会做出一些不好的行为和举动，严重的甚至会伤害自己和他人。所以，父母应该采取正确的教育方式去引导孩子，避免孩子自暴自弃。

如何避免孩子自暴自弃，以下几点供父母参考：

1. 不对孩子说"笨"

在日常生活中，有些父母爱说孩子是"笨蛋"，比如当孩子考试成绩

不理想时，有的父母就会对孩子说：“你怎么这么笨。”又比如孩子某一道数学题不会做，父母也会说孩子笨。但是父母却不知道这种做法其实会严重伤害孩子幼小的心灵。

有些父母在说孩子笨时，也许并没有认识到这样说的严重后果，认为只是随便说说而已。殊不知，父母这样说，对一个心理还很脆弱的孩子来说，这是一种伤害。因为孩子的知识和经验不足，缺乏辩证分析事物的能力。他们把父母、老师作为依赖者和崇拜者。同时，孩子因为年龄小，具有较强的受暗示性。如果父母和老师总是把“你怎么这么笨”挂在口头上，孩子就会逐渐地相信父母和老师的说法，认为自己真的是一个笨蛋，于是就会失去信心，变得一蹶不振，自暴自弃。久而久之，孩子真的就会变得更笨了。所以，当父母的千万不要说孩子笨，而应该多给孩子一些鼓励。

在这方面，比较明智的做法是：当孩子某道题一时答不上来时，父母不应该说孩子笨，而应该这样鼓励孩子：“别着急，慢慢来，只要你从多方面去想一想，相信你会答上来的。”又如，当孩子某件事没做成功时，父母仍然不应该说孩子笨，而应当给予必要的具体指导。即使孩子的天赋稍差一些，反应迟钝一些，父母也仍然不要说孩子笨，而应该采用积极暗示的办法，鼓励孩子“笨鸟”先飞。

2. 善于发现孩子身上的闪光点

奥托·瓦拉赫是一位伟大的化学家，在1910 年获得了诺贝尔化学奖。这样一位优秀的化学家在中学时期也曾遭遇许多坎坷。刚上初中时，瓦拉赫的父亲为他选择了一条文学道路，本以为孩子能够在文学领域有一番造诣，谁知一个学期下来，老师对瓦拉赫的评语却是：“瓦拉赫很用功，但过分拘泥，这样的人绝不可能在文学上有所成就。”

于是，父母又让瓦拉赫转学油画。让父母想不到的是，瓦拉赫既不会构图也不会调色，对艺术的理解力也很有限，成绩总是倒数几名。学校的评语依旧难以让人接受：“你在绘画方面恐怕难有造诣。”面对如此笨拙的学生，大多数老师对瓦拉赫失去了信心。这时，化学老师发现了他做事一丝不苟，专心致志，这是做化学实验应具备的品质，于是建议他学化学。在化学的世界里，瓦拉赫的潜能被激活。他的化学成绩总是遥遥领先，并最终在化学领域取得了卓越成就。

上例中瓦拉赫的父母在发现孩子不适合学习文学和油画后，并没有强迫孩子继续学习，而是一直寻找适合孩子的道路，最终让瓦拉赫找到最擅长的领域，并有所成就。

每个孩子擅长的方面不一样，有的人善于表演，有的人善于钻研，有的人善于交谈。父母不能只关注孩子学习这一个方面的才能，而是应该在平时生活中多关注孩子的兴趣爱好和特长，并在这一领域对孩子进行培养。当孩子在擅长的领域找到自信后，就会对生活充满希望而不会自暴自弃。

3. 对孩子进行合理惩罚

美国著名作家和演说家马克·吐温有三个女儿。在他们家里，父母和孩子是平等的，互相都要尊重对方。生活中，马克·吐温从不摆长辈的架子，也不会随便训斥孩子。但是孩子一旦犯了错，他也绝不会庇护，而是合理地对其进行惩罚。一天，马克·吐温计划和一家人到郊外度假，临出门前，姐姐苏西打了妹妹克拉拉。按照家规，犯错的孩子必须受到惩罚，惩罚的方式也由孩子自己制定。苏西想了好几个惩罚自己的办法，犹豫了半天，她对爸爸说："我不去度假了，这会让我记住永远不能再犯相同的错误。"

上例中，马克·吐温在女儿苏西犯错后并没有采取粗暴的方式打骂女儿，而是让女儿自己想一个惩罚自己的方法。这样做，既不会伤害孩子的自尊心，又可以让其牢记自己的错误。生活中，当孩子犯错后，父母不要随意辱骂和打孩子，而是应该和孩子一起分析他的错误行为会导致的后果。如果孩子仍不改正，就对他进行适当的惩罚。比如让其收拾房间等。这种温和的惩罚方式不会引起孩子的反感，却能收到不错的效果。

孩子厌学，父母无须慌张

曹伟14岁，刚上初二。开学没几天，爸爸看到曹伟每次回到家里总是闷闷不乐的，也不写作业，电脑游戏也不玩了，还经常把自己关在房间里，一句话也不说。这一天放学后，曹伟又不吭不响地把自己关在房间里。几分钟之后，爸爸推门进去想看看曹伟究竟在做什么。他发现儿子在床上似睡非睡地趴着，就随口说了一句：

"赶快起来写作业。"

没有想到是，曹伟突然抬起头对着爸爸大吼道：

"写写写，天天就是写作业，我再也不想去上学了。"

听到儿子的话，爸爸一下惊住了。平时听话的儿子怎么像变了一个人，不仅脸涨得通红，还一副怒气冲冲的表情。爸爸问儿子为什么不想上学，可是曹伟却怎么也不肯说，还把爸爸推出了房间。为了弄明白孩子厌学的原因，第二天上午，曹伟的爸爸第一次拨通了儿子班主任的电话：

“李老师，您好，我是曹伟的爸爸，我想问您曹伟最近在班里的表现怎么样呢？”

李老师回答道：

“我听许多老师反映，曹伟听课的时候很吃力，好多内容都消化不了。老师上课提的问题他也经常答不上来，最近还时常走神。上一次的期末考试曹伟的成绩就很不理想，有好几门科目都排在了倒数几名。现在才刚开学，曹伟的表现就不是很好，作为父母还是应该多督促一下孩子才行。”

听了老师的话，爸爸很后悔没有多关心儿子，以前他认为应该给孩子营造宽松的学习环境，从没有督促过孩子的学习。

上例中的曹伟因为消化不了老师讲的内容而答不出问题，在学习中遭受的挫败感让他对学习失去了信心，所以产生了厌学情绪。而曹伟的爸爸由于没有及时了解孩子的学习情况，并不知道孩子正处在很大的压力下，一句很平常的催促却引来孩子巨大的反应。

造成孩子厌学的原因有很多，其中最主要的原因就是孩子在长期的学习中产生的挫败感。由于学习方法不当，孩子收不到很好的学习效果，上课就会听不懂，考试成绩自然也会不理想。如果孩子经常考试失利或者在班里的排名很靠后，很难在学习中产生成就感，甚至会质疑自己的学习能力。久而久之，就会对学习失去兴趣和信心，从而产生厌烦心理。还有就是父母对孩子的期望过高，父母有时会把自己没有实现的理想寄托在孩子身上。比如有的父母自己学习不好，就希望孩子能够考个好成绩，上个好大学。所以对孩子的要求很严格，给孩子报各种辅导班，把他们的课余时间全部用在学习上。这其实会给孩子造成很大的心理压力，当孩子承受不了这种压力的时候就会产生厌学情绪。

为了发泄这种情绪，孩子就有可能出现类似逃学、上网、打架等行为。这时候，父母和老师如果没有及时疏导，就会令孩子越来越讨厌学习。厌学的孩子，其人际关系也会受到影响。孩子如果长时间不在学校上课，和同学之间的亲密感自然会下降，久而久之，和同学们的友谊就会变淡。

所以说，当孩子厌学时，父母不能急于批评，而是要采取合理的方式对其进行引导，和孩子一起渡过难关。

如何引导孩子纠正厌学的心理，有以下几点建议供父母参考：

1. 让孩子在正确的学习方法中有收获，不再厌烦学习

有的孩子学习成绩不理想，大多数是因为没有掌握正确的学习方法。所以父母可以帮助孩子养成良好的学习习惯和找到正确的学习方法。

有时候孩子上课听不懂是因为从一开始就没有养成课前预习和课后复习的好习惯。他们认为这些内容老师上课会讲，所以没有必要提前预习，忽视了预习的重要性。他们并不知道预习是学习新知识的第一步，如果预习后再听课，就会对老师上课的内容了然于胸，自己什么地方已经掌握，什么地方还没有弄懂也会知道。这样带着目的去听课不仅集中了精力，也提高了学习的效率。

马虎和粗心是孩子普遍存在的问题，有时急于做后面的题目，他们就会忽视许多小细节。为了改正孩子马虎大意的毛病，父母可以让孩子为每一个科目都准备一个错题本记录平时的错题。比如说数学，每次的错题孩子都要原封不动地抄在错题本上，然后用红笔把做错的地方画出来，并在

旁边做出批注，分析出错的原因，如果涉及数学公式和概念，就要把它写在错题的下面，方便以后复习。如果是英语，首先也是把错题记在错题本上，不同于数学的是，英语会涉及许多语法问题。所以孩子要在错题旁边标注出相应的语法知识以及不会的单词。

2. 父母的要求超过孩子的实际能力

孩子在学校的学习压力已经很大，如果回到家里，父母还是一味地询问学习情况，会给孩子造成很大的心理压力。这种压力经过长时间的累积就会让他出现负面情绪，甚至厌学。所以父母要在平时的生活中为孩子尽可能地减轻压力，缓解他焦虑的心情。

所以说，父母不能给孩子制定太高的学习目标。如果孩子平时的学习成绩只是班里的中等水平，父母却不断地让他考第一，这种超过孩子能力范围的要求不仅会给他很大的压力，也会打击他的信心。所以父母一定要根据孩子的实际能力给他制定学习目标，比如孩子平时数学考70分，那就给他定下次考75分的目标。当他努力学习考到75分后，父母就要给予适当的鼓励，这样循序渐进，孩子的成绩就会越来越好，学习的积极性也会提高。

3. 父母要帮助孩子减压

孩子的学习压力已经很大，父母应该在平时的生活中为他们缓解压力。要给孩子安排足够的休息和娱乐时间。如果没有充足的睡眠，孩子上课时就无法集中精神，反应能力也会下降。所以父母要时常督促孩子及早完成作业。适当的娱乐活动可以让孩子放松身心，缓解压力。父母可以在周末的时候和孩子一起去进行户外运动，比如爬山、跑步、踢球等。体育运动不仅可以提高孩子的身体素质，也可以开发他们的智力，经过一些体育锻炼之后，孩子再去学习往往会收到更好的效果。

从容对待早恋的孩子

李青刚从一所师范大学的心理系毕业，她被分配到当地的一所初中担任学生的心理辅导老师。李青和学校的同学们很谈得来，这让李青可以更好地了解学生的心理，倾听学生的诉求。

在担任心理老师期间，李青发现，学生诉求的内容大多都是感情问题。她还记得，有一次一名叫小雪的初二女生来找她，对她说：

“李老师，我最近喜欢上我们班一个男生，但是他并不喜欢我，而是喜欢我的好朋友。我该怎么办呢？”

李青听完后问她：

“那你的好朋友喜欢那个男生吗？”

小雪摇了摇头说：

“不喜欢，但是他们两个现在在一起了。”

李青诧异地问：

“你的好朋友不喜欢那个男生，为什么还要和他在一起呢？”

小雪凑到李青耳边悄悄地说：

“因为她想忘记之前的男朋友。我好想告诉那个男生真相啊，可是又怕我的好朋友知道后会不开心。李老师，我好苦恼啊，上课的时候都想着这件事，老师讲的内容我都没有听进去。”

李青让小雪先回教室，自己则陷入了沉思：现在的孩子是怎么了，才上初中就已经有了这么复杂的感情问题。

上例中的小雪只有十三四岁，在这个本该一心求学的年纪里，她却有着很多的感情烦恼。这不仅影响了她和同学之间正常的交往，也造成了上课不能认真听讲。

早恋是处于青春期的男生和女生之间产生的相互爱慕的情感。近几年，中学生早恋的现象越来越严重，校园里、马路上穿着校服手拉手的情侣随处可见。更让老师和父母担忧的是，早恋不仅影响了孩子的学习成绩，也影响了孩子的人际关系。我们经常会看到早恋的孩子因为感情问题而与别人发生口角甚至大打出手。

孩子之所以会早恋，首先是因为青春期的孩子们正处于感情充沛的时期，他们对异性充满着好奇，也愿意和异性接触。加上现在的影视剧对爱情的大量渲染，让孩子对爱情更加向往。其次，大多数家庭中，父母双方都忙于工作，无暇照顾孩子的感情。这会让孩子在学习生活中遇到困惑时找不到可以表达的对象，这个时候，异性朋友的关心会让孩子得到精神上的满足感。

早恋对于孩子有一定的不良影响。一个人的精力是有限的，倘若孩子在这个阶段开始早恋，势必会分散自己的注意力，无法把全部的精力放在学习中。长久下去就可能会荒废学业，影响未来的升学。孩子一般都是比较天真却又执着的，发生了早恋后就会觉得这就是爱情，所以这才有了很多父母在察觉自己的孩子早恋后进行阻止而没有什么效果的原因了。错误的爱情观念给予了他们“爱”下去的理由，而每对相互喜欢的人之间都会有不愿放弃对方的一种信念，但是这种信念发生在了孩子身上，就成为错误的信念，会在以后的人生中让他们经受更大的挫折。

所以说，父母在发现孩子出现早恋的情况后，一定要采取合理的方式劝解孩子，理智处理孩子的早恋问题。

1. 父母不能用粗暴的态度对待孩子的早恋

生活中我们会遇到这样的情况：当父母知道自己的孩子早恋后，他首先会打骂自己的孩子，然后去学校和老师理论。双方父母互相指责，认为对方的孩子耽误了自己的孩子，最后，不仅没有解决孩子的早恋问题，还对孩子的自尊心造成了严重的伤害。父母这种处理孩子早恋的方法是很不恰当的，也是对孩子的不尊重。

在孩子早恋时，父母最好的方法应该是体谅孩子、理解孩子。其实，当孩子产生恋爱情感时，也会产生相应的苦恼。父母要及时发现孩子的这些苦恼，并从旁加以引导，耐心地听孩子的倾诉，了解孩子在处理感情时遇到的困惑。

2. 丰富孩子的业余生活，淡化孩子对异性的倾慕心理

李国海有一个儿子，名叫康康，14岁。最近一段时间，李国海发现儿子上网聊天的时间特别长，手机短信也发得很频繁。在一次吃饭的时候，他无意中问起儿子每天和谁聊天时，儿子也支支吾吾地答不上来。有一次，李国海看到康康和一个女生手拉着手在逛街。这时候他才知道儿子原来是早恋了。发现儿子早恋后，他并没有急着批评儿子，他认为这并不是处理孩子早恋问题的好方法。

爸爸知道儿子平时喜欢动手搞一些小发明。于是，他带着康康参观了许多大型的科技馆。在那里，康康见识了许多让人意想不到的发明，这也大大提高了康康想要动手的兴趣。回到家后，爸爸给康康买了许多做发明的材料，并鼓励孩子参加了学校的发明小组。从那以后，康康把大部分的业余时间花在了搞小发明上。爸爸也没有看见儿子再上网聊天。

例子中，康康的爸爸在发现儿子早恋后，并没有第一时间阻止儿子，而是选择用转移孩子注意力的方法去处理孩子的早恋问题。当孩子的注意力被他喜欢的东西占据时，他就没有精力去早恋了。对于青春期的孩子，父母应当引导他们把旺盛的精力转移到学习和正常的娱乐活动中，多培养孩子其他的业余爱好，比如打篮球之类的体育运动，让孩子既锻炼了身体，又排解了学习压力。

3．父母可以和孩子分享自己的恋爱经验

孩子在成长过程对异性产生感情其实是一件很正常的事，但是孩子由于年龄较小，缺少应对这类情况的经验。这时候，父母可以给孩子讲述一下自己曾经的感情经历。父母可以和孩子采取朋友间谈话的形式进行交流，而非严肃的说教。比如母亲可以给女儿讲述自己年少时经历过的青涩恋情，现在和丈夫一起生活的幸福感受。父母要让孩子懂得，十几岁时对异性产生的好感并不是真正的爱情，并且这种情感会随着时间的推移而慢慢变淡。并告诉孩子可以和异性交朋友，但不应该早恋，这会荒废学业，影响双方的未来发展。

巧妙帮助孩子脱离“网海”

于伟15岁，上初三。从小到大，他都是一名品学兼优的好学生，年年都是学校的三好学生。后来上了初中，于伟开始寄宿。由于缺少父母的看管教育，宿舍里的男孩子开始通宵上网打游戏。一开始，于伟还能置身事外，在舍友玩游戏时他就一个人到图书馆上自习，初二时，于伟的成绩一直处在班里的中上等水平。

初三之后，学生的学习任务比原来重了很多，于伟也感到有些吃力。在一次月考失利后，于伟心中烦闷，回到宿舍后，他看到舍友打开的电脑中还显示着游戏界面，便坐下玩了起来。游戏里的画面让于伟仿佛进入了另一个世界，这个世界没有语文数学，没有中考高考。于伟一下子就喜欢上了玩电脑游戏。

此后，于伟把大量的时间花在了玩电脑游戏中。每天晚上玩到十一二点，第二天上课就趴在桌子上睡觉。他的学习成绩一落千丈。班主任知道后曾经劝解过他，但是痴迷于游戏世界的于伟完全听不进去。

班主任把于伟的情况告诉了他的父母，父母把于伟接回了家。母亲请假在家里陪着于伟，但是于伟根本不听父母的话，总是趁父母不注意就跑出去上网，有时候一连几天都不回家，长期沉迷在网络中的于伟变得越来越消瘦。原本就近视的他，因为长期面对电脑屏幕，身体状况大不如前。

上例中的于伟由于沉迷网络游戏，不仅影响了自己的学习成绩，更伤害了自己的身心健康和父母的心。青少年的网瘾问题一直都是社会关注的焦点，无数的父母因为孩子的网瘾问题都很发愁。

孩子之所以会有网瘾，首先是因为他们精神空虚。看到孩子沉迷于网络，父母不仅伤心，也会感到失望。但是究其原因，父母其实也有责任。试想一下，父母每天忙于工作，他们觉得只要让孩子吃饱了、穿暖了就足够了，但是孩子最近的烦恼是什么，和同学有没有很好地相处，有没有受欺负等，这些父母并不了解。孩子得不到父母的关心、寻求不到支持的时候，他们就会到网络世界里找。在那里，孩子可以尽情发泄出心里的不满。另一个原因就是孩子的学习压力太大，体会不到学习的乐趣。如果没有考好，孩子还要受到来自父母和老师的批评。这个时候，上网玩游戏是一个很好的转移注意力的方式。通过玩网络游戏，孩子可以暂时忘记现实世界中不如意的地方。

网瘾对孩子的危害很多。一方面，长时间地面对电脑缺乏运动会让孩子的身体状况变差，而且孩子一旦染上网瘾会影响学习成绩，严重的甚至会影响升学；另一方面，网瘾对孩子的心理健康会造成负面的影响。孩子把大量的时间花在网络上自然就会忽视正常的交际圈，影响和周围人之间的关系，尤其是和父母之间的关系。孩子长时间沉迷于一些暴力的网络游戏也会使孩子的脾气变得暴躁易怒，甚至有可能会让孩子在现实生活中制造暴力事件，不利于社会的安定。

所以父母一定要帮助孩子戒掉网瘾，这样才能让孩子重新回到正常的生活和学习轨道上。如何帮助孩子戒掉网瘾有以下几点供父母参考：

1. 帮助孩子用其他的兴趣爱好代替电脑游戏

小波上六年级，是个性格开朗的男孩。最近小波迷上了玩电脑游戏。每天一回到家，也不和父母打招呼，就直奔卧室打开电脑。父母为此伤透了脑筋。

有天晚上，吃完晚饭后，小波照常准备回卧室打游戏。这时爸爸拿着一个篮球走了过来对小波说：

“波波，爸爸好久没有运动了，今天咱们父子俩切磋一下，行吗？”

小波本来想要拒绝，但是爸爸难得有时间和自己打篮球，于是他答应了父亲。父子俩一起拿着球去了小区的篮球场。两个人打了一会儿球后，小波忽然没了兴致，直嚷着要回去。爸爸没有办法，便和他一起回了家。第二天晚上，爸爸又叫小波去打篮球，小波说什么也不去了，爸爸对他说：

“今天和昨天不一样，爸爸给你准备了惊喜。”

小波半信半疑地和爸爸去了篮球场。此时的篮球场上正上演着激烈的比赛，场边还不时传来叫好声。小波疑惑地看着爸爸，明明昨天还空空荡荡的篮球场今天怎么这么多人。原来小波的爸爸为了让儿子喜欢上打篮球，把小区里的好多年轻人叫到篮球场一起玩篮球。小波很快就被场上的比赛吸引了，并很快加入进去。从此以后，小波每天都打好长时间的篮球才回家，回到家后也不玩电脑游戏了，渐渐地，小波就把网瘾戒掉了。

上例中小波的爸爸看到儿子沉迷于电脑游戏时，最先做的并不是骂孩子，而是选择了一项体育运动来吸引孩子的注意力，并最终帮助孩子戒掉了网瘾。由此可见，帮助孩子培养其他的兴趣爱好是让孩子戒掉网瘾的最佳途径之一。

2. 引导孩子正确使用网络

当今社会中，网络技术成为孩子必备的技能。当然，所有事情都有其两面性，网络也不例外。网络上有各种各样的学习资源、少儿节目以及游戏。如果孩子能够好好利用，那么网络会是提升技能的好方式。但是孩子的自制力是很弱的，一旦开始接触网络就有可能沉迷进去。所以父母教育孩子把网络当成一种方便查找资料的工具，而不是消磨时间的游戏机。

另外，父母要为孩子制定一些上网的规则，比如每次上网浏览的网站一定是健康正规的网站，每次上网的时间也应该限定在一两个小时以内。上网之后让孩子适当休息并多做运动，这样可以让孩子养成良好的上网习惯，既查到了有用的资料，又不影响自己的健康。

3. 父母要给予孩子更多的关爱

许多父母对待有网瘾的孩子不是打就是骂，这种恨铁不成钢的心情值得理解，但是这种教育方式并不合理。父母一味地打骂孩子不仅不会让孩子改过自新，反而会激起孩子的逆反心理。可能孩子的网瘾本来没有那么大，结果为了躲避父母的责骂，孩子只能选择继续沉迷在网络世界中，长此以往，就会形成恶性循环。孩子希望得到父母、老师的爱和肯定，如果得不到，就会在虚拟世界里寻找安慰。对待有网瘾的孩子，父母一定要耐心地教育引导，并用无微不至的关怀来表达对孩子的爱。帮孩子戒掉网瘾是一个漫长的过程，父母多鼓励孩子，才能增加孩子战胜网瘾的勇气和决心。

乐观的父母养育乐观的孩子

学校要举行春季运动会了，这将是六年级的小艺在小学阶段的最后一个运动会。为了这次运动会，音乐老师组建了乐队，乐队的演出将拉开这次运动会的序幕。小艺也入选了乐队，成了一名小鼓手，她格外珍惜这次作为小鼓手参与运动会开幕式的机会。

在一次集体练习时，小艺发现自己在一个连续击鼓的地方总是出错，最后老师也发现了，点名批评了她。小艺为此很难过，认为自己不适合敲鼓，但又想可能自己再多努力一点，就不会出错了。回到家，小艺抓住各种机会练习小鼓，甚至在吃饭时，也要捏着筷子练习两下，就怕自己集体练习时会出错。结果这样练习下来，小艺却更紧张，出错更频繁，甚至原来敲得很好的地方也会出错，小艺更加断定自己没有敲小鼓的天分。又一次集体练习中，小艺非常紧张，以至于拿起鼓槌就开始大脑放空，完全跟不上大家的节奏。老师很快发现了，在练习结束时，老师对小艺说出了换人的决定。

小艺是哭着回到家的。妈妈看到后立刻询问她发生了什么。得知原因的妈妈对她说："小艺，你是因为觉得自己没有敲小鼓的天分，被老师替换而难过，对吗？"

小艺泪眼蒙眬地点了点头。妈妈继续说道："宝贝，这没什么需要难过的。每个人都有自己的长处，自然也有自己的短处，你做出过努力就够了，没有必要为无法挽回的事情难过。而且，你为什么不这样想想，你现在不用再去练习小鼓了，就获得了很多空闲时间，用这些时间，妈妈每天陪你一起做一些体育锻炼，你可以去参加运动会，去获几个奖，这难道不值得高兴吗？"

看到破涕为笑的小艺，妈妈又说道："还有，小艺，在练习小鼓的时候你只不过是犯了一点小小的错误，为什么就消极地认为自己不适合敲小鼓呢？这未免太悲观了。太过消极紧张反而会降低你的能力，你要相信自己，而且别灰心。初中也是有乐队的，你还有机会可以再试试啊，妈妈为你加油！"

听完了妈妈一席话，小艺已经完全没了之前的难过，很快就开心起来。在接下来的一个月里，小艺和妈妈每晚都会在楼下花园中跑步。而在一个月后的运动会上，小艺虽然没能参与运动会的开幕式，但她拿到了运动会上的好几个奖项。

乐观和悲观虽然只是一念之差，但这一细微差别对孩子的思考方式、行事方式的影响却是很大的。整日的悲观对孩子的成长是没有好处的。一方面，悲观容易让孩子不自信，让孩子心情低落，精神颓废。另一方面，悲观的情绪容易导致孩子厌食，身体不适。相反，乐观的心态会让孩子更健康，更有活力，甚至有时积极乐观的心态还能够治病，同时，也让孩子更容易获得成功。

很显然，乐观的态度能给孩子力量，让孩子积极向上，让孩子更好地成长，也让孩子更接近成功。

首先，人们在遇到好事时开心是很正常的，在遇到不顺利的事情时则很难有良好的心态。一个人之所以能够获得成功，其关键点恰恰在于能够正确地把握不顺利的事情。例如事例中的小艺。如果妈妈没有及时给她做心理疏导，让她摆脱悲观消极的情绪，建立积极乐观的心态，她一定还沉浸在被老师换人的打击中，更不用说还能在运动会上获得奖项了。

其次，乐观的人会给自己一份很积极的心理暗示。这些充满积极乐观的心理暗示能产生很大的正能量，对孩子有很大的积极作用，让孩子在面对困难时表现得更像孩子自己所希望的。比如著名的足球运动员加查林。他小时候得了严重的小儿麻痹，甚至一度被疾病折磨得卧床不起。没有人会相信这个无法走路的孩子会成为优秀的足球运动员，甚至人们对他能够站起来走路都不抱希望。但加查林的父母从没有放弃，他们一直以乐观积极的态度面对。父母坚定地告诉孩子：“你能够站起来！”“战场上有瘸腿将军，足球场上就会有瘸腿运动员，你一定能踢足球。”足球运动又苦又累，但加查林在父母的鼓励下，一直积极乐观，对足球充满热情，对自己能成为足球运动员坚信不疑。最终通过不懈的努力，加查林成功了，成了一名让人敬仰的足球运动员。

那么，父母应如何教孩子拥有一个乐观积极的心态呢？以下几点建议供父母参考：

1. 帮助孩子取得成功

成功能帮助孩子提高自信心，让孩子更开朗、更乐观。因为每一个小小的成功都能让孩子看到自己的价值，让孩子看到自己的每一点进步，也因此能让孩子在面对下一次挑战的时候更加乐观自信。

父母需要做的就是，为孩子寻找设定一个合适的目标，并用正确的方式引导、帮助孩子成功地完成目标。比如陪伴孩子一起做，或在关键的地方指点孩子。目标不需要很大，可以是教孩子成功编一个童话故事，教孩子成功洗干净一件衣服，教孩子成功买一件东西，等等。如果给孩子定的目标过大，孩子无法获得成功，则只能打击孩子的自信心，更无法培养孩子乐观的心态。

2. 教孩子学会消除悲观情绪

孩子在遇到了不顺利的事情，或备受打击时，才会产生悲观的情绪。而父母要教孩子学会消除悲观情绪，即教孩子学会用长远的眼光，从全局的角度看问题，对待不顺利的事而不会产生悲观的情绪。

有些事情，目光短浅地看或是片面地看是失败的，令人沮丧的，但从长远来看却并非坏事，或者说，其中必然有好的一面。父母需要做的，就是在孩子遇到这些不顺利的事情时，让孩子不要沮丧，教孩子学会在令人沮丧的事情中找到令人高兴的一面，对自己有利的一面。长此以往，就能让孩子习惯在坏事中发现好的一面，并能因此敢于挑战这些不顺利的事情，乐观地面对、解决这些不顺利的事。父母要让孩子认识到，真正的乐观态度，是在面对失败的事情时，能从失败的事情中发现积极的一面，并能将失败看成一种挑战，而不被失败及其所引发的悲观压垮。

父母还需要注意，在孩子面对失败感到悲观沮丧的时候，给孩子一些指点，同时，也需要父母在平时起好模范表率的作用。父母若是能在面对困难时积极乐观，并能以敏锐的眼光发现有利的一面，且能勇敢地挑战困难，孩子一定会倍加钦佩，并向父母看齐。

3．教孩子不要空虚乐观

所谓的空虚乐观，就是单纯乐观地认为“这个世界好极了”，“我好极了”，“这件事很简单，太容易办到了”。这种想法对孩子没有一点好处，只会让孩子吃亏，让孩子在乐观的情形破灭后受到更大的打击。

首先，父母要让孩子明白，这个世界上不可能事事都是好事，事情是有好有坏的。真正的乐观态度，是面对不好的事情，仍然没有因此放弃用自己的努力来改善事情的进展。

其次，父母要教孩子学会在现实生活中培养乐观的心态。父母要让孩子学会发现生活中简单朴实的美好。比如成功帮父母完成一件小事时的喜悦，看了一本书获得了一些灵感和知识，或者进行了一次酣畅淋漓的运动等，让孩子在每一件朴素的小事中拥有真正的朴实的乐观。

第七章 父母逆商高，孩子更坚强

逆商教育是孩子起航的风帆

灵灵是家里的独生子，爸爸是音乐家，妈妈是一名数学教师。也许是秉承了爸爸的音乐天赋，灵灵从小就显示了出色的音乐天赋，一首曲子听上几遍就可以自己唱出来。上了小学以后，妈妈也很注重对孩子的教育，经常辅导灵灵学习，孩子自己也很努力，因此灵灵小学时期的学习成绩一直很好。

上小学的时候，凭借着自己在音乐方面的优异表现，学校大大小小的文娱活动几乎都可以看到灵灵的身影，灵灵也因此成了同学们口中的小才子。不仅成绩好，而且唱歌好。平时在家里父母也很注重对孩子的情商教育，教导孩子如何待人处世，做人要谦虚礼让。因此灵灵的个人素养也很好，平时与同学们的关系很融洽。

渐渐地，灵灵长大了，上了初中。在父母看来，虽然初中的学习压力更大，但是孩子的基础成绩一直很好，而且也懂得如何与他人交往。父母相信孩子在初中也可以成绩优异，生活顺心。

刚上初中的时候，灵灵只要一回到家便会很快乐地和父母谈起初中的新鲜事。时间久了，灵灵开始和父母说起初中生活的学习压力更大了，自己学习虽然很努力，可是却并没有获得自己理想的成绩。这时候，父母会告诉灵灵不要着急，慢慢努力，不要急躁，成绩会一点一点地提升的。

初一结束的那个暑假，灵灵在家里几乎很少学习，每天不是打游戏，就是看电视。父母一开始以为是因为孩子在家没有一个良好的学习环境，提出要给灵灵报一个学习培训班，灵灵想也没想，断然拒绝了。

爸爸说："你平时在家也不学习，给你报培训班你也不去，这样下去成绩怎么提升呢。"

灵灵说："爸爸，我不想学习了。我学也学不好。"

爸爸说："小学时你的成绩一直很好啊。虽然初一成绩不理想，可是也不能放弃。没有谁在学习上会是一帆风顺的。"

灵灵说："爸爸，我接受不了我的失败。我接受不了我一直学习很努力，可是成绩却不好的现实。"

爸爸说："人不仅要聪明，还要有逆商，要能够承受得了失败。"

谈话结束后，爸爸自己也反思了对孩子的教育，觉得孩子这些年的成长可能过于顺利，没有经受过什么逆境。而且自己也没有注重过对孩子的逆商教育，看来，以后要好好培养孩子的逆商。

灵灵的故事我们在生活中经常可以见到，很多父母都没有注重过对孩子进行逆商教育，认为尽自己所能给孩子创造一个良好的生活和学习环境才有利于孩子更好地成长。其实，拥有逆商的孩子才可以表现得更加出色。

逆商（AQ）全称逆境商数，一般被译为挫折商或逆境商。它是指人们面对逆境时的反应方式，即面对挫折、摆脱困境和超越困难的能力。除了智商、情商外，社会上还流行一个新概念：挫折商(逆商)。IQ、EQ、AQ并称3Q，成为人们获取成功必备的不贰法宝。

很多父母常常会认为智商和情商对孩子更为重要，这种想法是不够全面的。心理学家认为，一个人事业成功必须具备高智商、高情商和高挫折商这三个因素。在智商与别人相差不大的情况下，挫折商对一个人的事业成功起着决定性的作用。可见，从小培养孩子的逆商是非常重要的。在学习和生活的过程中，随着孩子年纪的增长，困难也会也来越多。如果孩子知难而退，只会失去越来越多的成长机会。害怕失败而不去勇敢面对，只会让孩子不断地逃避困难，远离成功。

小学阶段是孩子成长的重要阶段。这个时期，孩子的主要成长环境是家庭和学校。父母会努力给孩子创造一个良好的成长环境，尽可能地让孩子顺利成长。老师也会细心地照顾着孩子，尽可能不让孩子受到伤害，殊不知，这样只会让孩子习惯在顺境中成长，一旦遇到困难，孩子很难有一个正确的心态去面对 。

父母如何对孩子进行逆商教育，我们有以下建议供父母参考：

1. 教导孩子进行自我激励，让孩子相信自己

自我激励是自己激励自己形成良好的品德和习惯的方法。这一方法能帮助孩子修炼意志品质。在教导孩子进行自我激励的时候，首先，让孩子正确地认识自己，对自己的优缺点有所了解。让孩子知道自己的优点在哪里，并引导孩子学会发扬自己的优点，对自己的能力有信心，相信自己一定能把一件事情做到底。高度的自信和自我激励，能使孩子变得更加勇敢。其次，要培养孩子的自尊心，当孩子有了较强的自尊心和上进心，孩子的潜能便能不断地被发掘，向最佳的方向发展。最后，让孩子学会自我控制和自我约束。在生活中要鼓励孩子控制自己的情绪和意志，学会在逆境中成长。

2. 培养孩子的吃苦能力

现在大多数孩子都是在物质优裕的环境中长大，有些家庭即使生活条件一般，也会尽可能地为孩子创造好的成长环境。但是在舒适环境下成长

的孩子很可能会缺乏毅力。父母可以有意让他们吃点苦，磨炼其意志，孩子也许会更懂得坚持。

具体方法上，可以鼓励孩子积极参加体育锻炼，这不仅可增强孩子的体质，而且还可增强其心理承受能力。父母也应该知道，让孩子有意吃苦并不是要让孩子受罪，而是在保证孩子身体健康的前提下进行。如果孩子担心自己无法坚持，父母可以参与监督，必要的时候可以对孩子“狠”一点。

3．鼓励孩子寻求良好的榜样

榜样的力量是巨大的，尤其是那些毅力坚定、坚持不懈追求进步的人，更是孩子心目中的楷模和英雄。在培养孩子养成良好习惯的过程中，如果能有这样一个榜样，无疑是为孩子的前进树立了一个标杆。在逆境中成长起来的伟大人物数不胜数。父母可以给孩子列举那些具有高逆商的人物，例如俞敏洪等，让孩子知道成功的人都勇于面对失败，并知道在失败中成长，在失败中前进。

孩子的榜样不仅可以是那些伟大的人物，也可以是身边的同龄人，例如学习上的优秀者，生活习惯比较好的同学等。鼓励孩子认识一些有毅力、爱坚持的人，并从中获取力量。

父母放轻松，孩子才敢于直面挫折

楠楠上小学四年级，在家附近的一所小学上学。楠楠的父母都是一家公司的工作人员，虽然工作有些忙，但是很注重对孩子的教育。

无论父母工作多累，都会帮助楠楠辅导平时的作业。

在楠楠上小学的时候，父母经常教育孩子要追求成功，不要失败。楠楠自己也很聪明，而且学习也很努力。因此，在上小学的时候楠楠成绩一直很好。

在暑假期间，父母给孩子报了一些特长培训班，让孩子培养一些兴趣爱好。楠楠在跳舞唱歌方面都有过人之处。在学校的时候，楠楠的表现也很优秀。对于孩子这样的表现，楠楠的父母也感到很骄傲。

在楠楠的眼里，父母一直是自己的榜样。爸爸妈妈在上学的时候表现就很优秀，后来考上了重点大学，毕业后努力工作，现在有了收入丰厚的工作。父母也常常以自身的例子教育楠楠，告诉她要走好人生的每一步。

楠楠13岁那年，上了当地的一所初中。凭借着扎实的小学学习基础，楠楠初一上学期的成绩很理想，常常可以考到学校前几名。可是从下学期开始，楠楠的成绩慢慢开始出现了下降，刚开始的时候，爸爸觉得初中学习内容比较多，可能是孩子的学习不够努力。常常鼓励楠楠要加油好好学习，争取考上重点高中。可是初一下学期过去了，楠楠的成绩却并没有明显的进步，这也让楠楠感到很苦恼。

初二刚开学的时候，楠楠开始不想去上课，并且害怕考试。班主任发现了楠楠的变化，于是在晚自习的时候和楠楠聊到了她最近的学习问题。

班主任问楠楠："楠楠，我看你最近不喜欢上课，也不喜欢考试。这是怎么了啊？"

楠楠说："班主任，我害怕失败。我怕我考试成绩又不理想。"

班主任说："没有人会一直优秀的，只要你按照正确的学习方法好好学习，我相信你的成绩一定会有所提升的。"

楠楠说：“可是，我害怕失败。而且，我爸爸妈妈也不允许我失败。”

班主任说：“有一句话你应该听说过：失败是成功之母。我们怎么可能做什么事都一直成功呢，如果害怕失败，那我们怎么走向成功呢？”

楠楠听了之后，想了很久。晚上回到家，楠楠把今天和班主任聊天的内容和父母说了一遍。爸爸听后，叹气说道：“是啊，也许是我们做父母的一直太害怕失败，所以楠楠现在遇到了困难不知道自己努力解决。”

楠楠的情况在生活中很常见，很多父母经常告诉孩子一定要成功。实际上，父母的这种做法只会让孩子越来越害怕失败，不敢去挑战挫折。在我们的生活中，很多父母都觉得要教育孩子有一颗凡事必胜的决心。认为孩子只有这样才能什么事情都做得很优秀。其实，这种想法是不切实际的。

哲学家科林斯曾经说过：“不经历挫折，成功也只能是暂时的表象，只有历经挫折的磨难，成功才能像纯金一样发出光来。”挫折并不可怕，可怕的是，经历了挫折却不知道总结挫折的教训，暂时的挫折不应该是消沉的原因，而应该是继续奋斗的起点。所以，父母应引导孩子敢于直面挫折。在孩子上小学的时候，生活的主要范围是学校和家庭，遇到的困难可能不是很多。当孩子渐渐长大，遇到了更多的人和事，也会经受更多的困难。在这种情况下，父母教会孩子如何与挫折相处显得尤为重要。

孩子学会积极乐观地与挫败相处，可以让孩子不断改正自身的缺点，不断地完善自我。在孩子遇到困难的时候，父母要教育孩子不要怕挫折，勇于面对挫折，接受挫折，并能不断从挫折中吸取人生成长的经验，培养孩子的逆商。

挫折是孩子成长的阶梯，一定的困难是孩子成长过程中所必须经历的。当孩子遇到挫折，不管是学习上的，还是生活中的，父母都要鼓励孩子自己站起来去面对。只有经过挫折的打磨，孩子才能坦然面对失败并很自然地把挫折看成挑战，面对挫折才会勇于挑战，最终养成坚韧的品格。

父母如何教导孩子不怕失败，敢于直面挫折，我们有以下建议供父母参考：

1. 敢于放手，让孩子自己去生活

在生活上，父母应该鼓励孩子自理、自立，不要过多地安排孩子的生活。在日常起居方面，父母应该让孩子自己做力所能及的事情。父母可以多鼓励孩子自己去，这样可以很好地锻炼孩子的能力。

在学习上，如果孩子遇到了困难，父母不要一味地给孩子讲解题目或者请家教老师等。父母应该鼓励孩子主动思考题目，养成自己解决问题的习惯。在放手让孩子独立生活的同时，父母也以身作则给孩子树立一个好榜样。例如父母在节假日可以多出去旅游（最好是自助游），多参加一些团体活动（社区活动、公益活动等），让孩子可以学习父母的独立性。

2. 多让孩子参加实践活动，培养孩子的耐力

父母可以有意识地对孩子进行挫折教育。比如带孩子去跑步，要求孩子必须跑够多少米，在跑步的时候父母定的目标几乎是孩子完不成的；暑期送孩子参加“吃苦夏令营”，让孩子接受挫折；和孩子一起玩游戏，让孩子享受游戏的过程，不在乎结果是否能赢等。让孩子在实际生活中知道许多事情并不一定要追求第一，重在参与。

在实践活动中，父母可以和孩子一起参与，并让孩子看到父母也并不一定能赢。父母对失败也是很坦然的。在实践活动中父母可以趁机给孩子讲道理，孩子也可以更好地理解和接受。

3. 教给孩子正确的价值观

处于小学和初中阶段的孩子在价值观方面并没有一个完整的认识。父母可以从认知上教育孩子。父母要让孩子明白，现实生活中不遭受挫折是不可能的，关键是对待挫折的态度，要学会在挫折中学到知识并将此当作走向成熟的一种有效途径。

在教育孩子的时候父母可以给孩子举一些名人的例子，让孩子知道很多成功的人曾经也经历过失败。和孩子一起分析名人失败的原因，让孩子知道如何正确地对待失败，如何吸取失败的经验，从而更好地走向成功。

适当地给孩子制造点儿挫折，增强孩子的承受能力

章章是家里的独生子，从小聪明伶俐，不仅爸爸妈妈把他视若珍宝，爷爷奶奶对这唯一的孙子也是极为疼爱。只要是孩子提出的要求，几乎都会满足。

章章上小学的时候，渐渐显露出了自己在学习上的天赋。老师要求背诵的课文，章章只要念几遍就会了，考试成绩经常在学校前几名。章章从小好动，长大之后也很喜欢体育活动，因此小学时期章章的体育成绩也是很优秀的。

渐渐地，章章长大了，上了初中。在初一的时候章章便当了班长。不仅学习成绩优秀，而且在待人处事方面也很有礼貌，老师和同学们都很喜欢他。

初中生活不同于小学，事情比小学更多更杂。章章要学习，又要顾及班里的事情，常常会感到很忙。在下学期开学的时候章章渐渐觉得学习上的时间和精力有些不够，学习成绩出现了下降。一开始父母认为是孩子还没有完全适应初中生活，过段时间会好的，可是在初一结束的时候章章的成绩依然没有提高，期末考试成绩也不理想。

一天晚上，爸爸看到章章正在书房里看书，走过去和章章聊起了他的学习问题。

爸爸说："章章，从初一下学期开始你的成绩就不理想。你觉得问题出现在哪里？"

章章说："应该是平时在学校太忙了吧。时间和精力都没有完全集中在学习上。而且，我第一次考试成绩不理想，之后也不想学习了，觉得自己学也学不会。"

爸爸说："能够把学习和工作处理好，这对自己的能力也是一个很大的提升。一次考试失败并不意味着以后都会失败啊。"

章章说："考试失败是一个很大的打击，我以前就没有遇到过这么大的失败，觉得自己挺无能的。"

爸爸说："失败也是一种很好的经历，你要学着从失败中学习经验。也是做父母的不好，没有对你进行挫折教育。"

章章的爸爸在意识到这个问题以后，开始有意识地对孩子进行挫折教育。慢慢地，章章的性格越来越乐观，学习成绩也在稳步上升。

其实，在我们的生活中很多父母和上文故事中章章的父母类似，很少想到对孩子进行挫折教育。认为一帆风顺的人生才是最好的。殊不知，在顺境中长大的孩子在遇到困难的时候往往更容易被打败。

挫折教育是指让受教育者在成长的过程中遭受一定的挫折，从而激发受教育者的潜能，以达到使受教育者能正确面对挫折的目的。在孩子的成长过程中，对孩子进行适当的挫折教育是非常有必要的。只有在逆境中经历过困难的孩子，才更能深刻理解什么叫成功。对孩子进行挫折教育是锻炼孩子的能力，提高孩子潜能的一种很好的方法。

说到“爱”孩子，父母首先想到的就是竭尽所能，为自己的孩子创造一个“无障碍”的环境。这种“万千宠爱集一身”的现象，很可能让孩子失去锻炼的机会，一旦遇到挫折，不知道该如何去面对。

挫折教育对孩子有很多好处。1. 挫折教育能够激发学生的潜能，对有些孩子而言，越在学习上遭受挫折，就越能激发他的潜能和探究精神，从而进行研究性学习，切实掌握知识；其次，挫折教育可以使得孩子更加脚踏实地的学习，有些孩子由于受到年龄、经历、学识等的影响，往往会产生骄傲自满等不良倾向。在这种情况下，人为地设置一些挫折，让孩子受到适当的挫折，可以降低孩子的骄傲情绪，对孩子的健康发展是有好处的。当然，这种挫折应当有一定的限度，父母应当在事后给孩子解释这样做的原因和目的，只是通过这种人为设置的挫折，让孩子受教育，使其明确挫折对自己的作用，并正确认识自己的能力，排除骄傲情绪，戒骄戒躁，从而取得更大的进步；最后，挫折教育可以让孩子真正享受成功的喜悦。孩子在经历挫折之后再获得成功就会很有成就感的。这种成就感可以增加孩子的自信心。

父母如何通过给孩子制造挫折，让孩子更好地成长，我们有以下建议供父母参考：

1. 不要让孩子回避挫折，鼓励孩子面对挑战

在孩子遇到挫折的时候，父母不要一味地帮助孩子解决问题，而应该鼓励孩子自己去主动解决。例如孩子在学习上遇到了问题，父母可以告

诉孩子解题思路，鼓励孩子自己找资料解决问题，不要简单地告诉孩子答案。

父母也可以鼓励孩子主动接受挑战，比如参加比赛等。在孩子接受挑战的时候，父母可以多从方法上给孩子启发和指导。尽可能让孩子自己来解决问题，克服困难，这样才能让孩子体验到成功感及父母的关怀。

2. 让孩子从挫折中学习道理，吃一堑，长一智

让孩子经受挫折不是重点，重点是让孩子从挫折中明白道理，学会经验。学会从挫折中学到知识，让孩子吃一堑，长一智。

孩子不应当两次在同一个地方跌倒。当孩子在生活和学习上遭到挫折时，父母要帮助孩子总结，分析自己哪里做得不好，以便从中学到一些经验，让这些经验变为孩子自身的智慧和经验。一般难来说，如果孩子遇到困难之后知道如何吸取经验，孩子自身成长会越来越快，在面对问题的时候懂得如何去处理。

3. 给予孩子适当奖励

在孩子遇到挫折，知道如何吸取经验之后，父母可以给予孩子适当的鼓励，甚至是奖励孩子。

有些孩子在遇到挫折以后，可能会灰心，这时候父母可以给孩子适当的鼓励，坚定孩子继续走下去的信心。例如带孩子出去游玩，给孩子做一顿丰盛的晚餐等。让孩子知道父母是爱自己的，无论遇到了多大的困难，父母都会始终陪伴着自己。孩子遇到了挫折心理上可能会有些失落，给孩子一些鼓励也可以让孩子重新鼓起勇气，勇敢地走下去。

父母做表率，在实践中磨炼孩子的意志力

趁着放暑假，琪琪的父母带着小学毕业的琪琪参加了旅行团，来到了华山。这个旅行团中还有不少跟随父母来爬山的学生，但琪琪是这些学生中年纪最小的。

琪琪是个很坚强的女孩。因为琪琪的父母只有琪琪一个孩子，所以他们不希望琪琪将来变成一个时时需要依靠别人的女孩，而是成长为一个独立的，有坚强的意志，能照顾好自己的女孩。因此琪琪的父母很注重锻炼琪琪的意志力：比如琪琪家离学校不算很近，在周围同学都坐公交上学时，琪琪的父母却让她每天步行20分钟上下学，等等。在学习上，他们帮琪琪找到了一个合理的学习目标，让琪琪朝着目标努力，达到后再制定下一个目标。

与此同时，琪琪的父母还很注重自己对琪琪起到的表率作用，他们不但每天和琪琪共同遵守作息时间，工作也总是今日事今日毕，从不拖到第二天，在琪琪遇到困难想放弃时，还经常为她加油鼓劲。

这次爬山就很能体现琪琪坚韧的意志力。根据旅游团的安排，所有人要很早起床，几乎随团的学生都没能按时爬起床，琪琪却准时准点起床，很快地洗漱完毕，吃过早餐的琪琪一家早早地等候在了酒店大堂。登山时也是，才13岁的琪琪和父母相互鼓励，一直在向上攀登。那些比她大的哥哥姐姐一路喊累，不时地要休息或者吃东西，只有她从头至尾都没有叫苦，而且还尽量不给大家添麻烦。

一家人爬到了他们路线的最高点，欣赏着山顶的美景，却也累得坐在了地上，琪琪也是，小脸累得通红，却难掩“一览众山小”的兴奋。看着琪琪的努力和坚强，琪琪的父母很是欣慰，也感到很自豪。一起到达的游人也都不住地夸琪琪意志力强。

事例中琪琪和其他孩子的对比是很鲜明的，而让她做到早早起床，靠自己的努力爬到山顶的，正是她顽强的意志力。墨子也说过“志不强者智不达”。所以说有一个坚韧的意志力对一个孩子的成长来说是很重要的。

1. 意志力强的孩子一定会有很强的自控力和自觉性，能够很好地把握自己的学习和生活，知道什么时候该做什么，并且能够控制自己去把事情做好。

在学习和做事上的具体表现为，意志力强的孩子能够很好地组织安排自己的学习和生活节奏，在学习和做事上专注力更强，这样的孩子在学习上能取得很好的成绩，在做事上也能将事情完成得很完美。意志力薄弱的孩子，学习和做事时不能做到全神贯注，遇事就想逃避，这样的孩子不但做事拖拉，成绩也不会好。

其次，在遇到困难时，意志力强的孩子能够勇敢地面对困难，坚定地挑战困难，直至找到困难的突破点，解决困难；意志力薄弱的孩子，则会选择逃避困难。甚至遇到一些不很困难的事情，意志力薄弱的孩子都可能无法坚持去做。这样的孩子是无法在社会立足的。

由此便可看出意志力对孩子成长发展的重要性，那么对于父母来说，如何培养孩子坚韧的意志力呢？我们有以下几点建议：

1. 在日常生活中锻炼孩子的意志力

苏格拉底有很多的学生，苏格拉底要求学生每天甩手300下。在这诸多的学生中，只有柏拉图按照苏格拉底的要求做到了每天甩手300下，而最终柏拉图成了继苏格拉底后最著名的哲学家。从中我们得出了结论，长期坚持比较无趣的小事，才最能锻炼人的意志力。只有让孩子在日常活动中的锻炼，并且日复一日地坚持，才能真正提高孩子的意志力。

所以，要想锻炼孩子的意志力，建议父母从日常小事抓起，帮助孩子养成一个个良好的习惯，并鼓励孩子长期坚持。比如，给孩子制定一个合理的作息时间，并与孩子一起坚持执行这个时间安排，直至让孩子养成习惯。父母也可以让孩子每天坚持背一首诗或几个单词，既能锻炼孩子的意志力，还能帮孩子增长知识。父母还可以让孩子坚持体育锻炼。体力上的磨炼可以帮助锻炼孩子的意志力。

2. 帮孩子确定一个合理的目标

众所周知，一个合理的、让人期待的目标是人们在做事时坚持下去的动力，反过来，为了实现这个目标做出的坚持和努力也更好地锻炼了意志力。所以，父母可以通过帮孩子确定一个合理的目标来锻炼孩子的意志力。比如，孩子喜欢跳舞，父母可以让孩子以成为同班同学中跳舞最棒的人为目标，鼓励孩子坚持练习舞蹈。父母还可以设置一定的目标来自锻炼孩子的意志力。比如，如果孩子坚持每天读半个小时的英语，或通过自己的努力考到了班级前几名等。

需要注意的是，父母在帮助孩子设定目标时，既不能将目标设定得太容易，也不能设定得太艰难。目标太容易达到，孩子容易因此而变得骄傲、懈怠，很难达到锻炼意志力的目的。目标设得太艰难，会给孩子造成很大压力，说不定反而会压垮孩子的意志力。因此，父母为孩子设定目标时，要让孩子付出相当一部分努力才能达到目标，但也不能让孩子对目标望而却步。

3. 父母要起好表率作用

父母对孩子有巨大的影响力，在锻炼孩子的意志力上，不能忽视父母的表率作用。因为，不管做什么事情，有相互鼓励的同行者会更容易成功。如果孩子下定决心去做一件事，而周围的人都在起反作用，那孩子的意志力再坚强都很难坚持下去。相反，如果孩子下定决心做一件事时，身边有亲近的人鼓励、支持，并且看到亲近的人和自己一样努力，用强大的意志力在坚持的时候，孩子自然会被激发出更强的意志力。就像事例中琪琪的父母，他们在登山时，就为琪琪起到了很好的表率作用，他们相互鼓励，用顽强的意志力一起登上了山顶。

老师布置了很多作业，看着桌上的作业本，彤彤真想推到一边，直接上床睡觉，把这些烦恼都扔给明天。可是回头看看还亮着灯的书房，彤彤知道爸爸仍然在工作，又想起爸爸说过，今天的问题一定要今天解决，于是，彤彤起身去洗了把脸，继续认真做起了作业。

上面这个事例中，面对过多的作业，彤彤本来想要放弃，可是看到了仍然在坚持做自己工作的爸爸，顿时受到了鼓舞。所以说，即使不是在做同一件事，父母也应该展现出顽强的意志力，为孩子做好表率作用。当孩子做自己的事，遇到困难坚持不下去时，一想到父母曾依靠顽强的意志做到了某件事情，或父母正在用顽强的意志力做某件事，也会受到很大的鼓舞。

让孩子懂得在困难时寻求帮助

形形的父母因工作需要，经常出差在外，所以，形形的父母很重视对形形自主能力的培养，比如从形形上学起就让她自己洗薄衣服，让她自己上下学等，并经常给形形讲一些自己的事情自己做，有志者事竟成之类鼓励的话。于是，形形被父母培养成了一个独立坚强的孩子。

今年秋天，形形正式成为一名初中生。相较于小学，初中的课程难度加大了，形形一时很难脱离小学的学习习惯，跟不上初中的学习节奏。但形形独立倔强的性格让她认为，只要努力，自己就一定能独立解决学习上的困难。于是，形形便加倍努力去学习。

可能是形形还不能很快地适应初中思考问题的方式，面对初中课程的题目，形形还总是用小学的解题思路去解决，所以在做作业时，形形总是在一道题上卡很久。但倔强独立的她又不肯去向成绩好的同学或老师请教，而是深信通过自己的努力一定能解决问题。结果随着课程的推进，形形付出越多的努力，就越感到疲惫，而且没有成效。

父母很快发现形形状态不佳，通过和形形的交流，以及向老师咨询，父母认为，形形的问题在于过于独立自主，不懂得向有经验的人请教。所以在与形形谈心时，他们肯定了形形敢于独立完成困难的勇气，然后告诉形形，有志者事竟成是没错，但有些事情只靠自己一个人闷头去琢磨，成效是不高的。实在想不出办法时，应该向老师父母这样更有经验的人请教，也可以和同学交流讨论，这比闭门造车，让自己裹足不前，降低效率，结果浪费了大把的时间要强。

彤彤在与父母这一番交流后决定改变自己对待问题的方法，之后她在面对自己不太理解的问题时，会先自己翻阅课本，努力思索尝试一番，实在没有头绪，就会向学习好的同学请教，理清头绪开拓思路后再自己解决，最后还会做出总结。很快，彤彤的成绩就赶了上来，在班中位居前列。

父母需要培养孩子独立解决问题的能力，与此同时，还要教会孩子向他人请教。

首先，父母不可能陪伴孩子一辈子，孩子必须要学会独立面对问题，解决问题。需要孩子自己面对的问题是很多的：包括学习上的难题，生活上的自理，还有人际交往中的种种错综复杂的关系，等等。与其让孩子长大后再手忙脚乱地面对这些问题，父母还是应尽早培养孩子独立解决问题的能力。

其次，如果想要成功解决一个问题，则需要有解决这方面问题的经验。而帮助孩子获取经验的方法，除了让孩子自己去探索，就是让孩子向更有经验的人请教，吸取经验。即让孩子学会自我解决问题，并在必要时懂得向他人寻求帮助。同时需要注意，这两点兼顾是非常重要的。事例中彤彤的父母，虽然最开始在培养彤彤独立性上做得是很对的，但是他们没有注重对彤彤这两点兼顾的培养，使得彤彤只知道一味地独立解决问题，却不会向他人请教经验。

如何使孩子能够学会成功解决问题呢？我们有以下几点建议：

1．父母不要包办孩子的事情

父母不应该溺爱孩子，主动替孩子解决所有困难，甚至擅自包办孩子的事情或替代孩子做决定。在包办和溺爱中成长起来的孩子，会理所当然地享受着什么事情都不用操心所带来的便利。他们会认为父母是万能的，什么事都有父母解决，甚至会认为父母这样做都是应该的，他们会丧失独立性，无法独立面对困难，解决问题。

父母应当从孩子小时候做起，培养孩子的独立性，让孩子从小就明白自己的事情应当自己解决。比如，从小就让孩子独自睡一个房间；或者从小学起就锻炼着让孩子自己上下学；让孩子学会洗自己的小件衣服；让孩子学着安排自己的时间；让孩子学着自己处理和同学间的矛盾；等等。

开始的时候孩子很可能会做得不恰当，或想要半途而废，这个时候父母不能斥责孩子，或干脆替孩子去做完，而要指点孩子发现错误，教孩子正确的处理方法，并鼓励孩子继续努力，帮助孩子总结经验。

不包办孩子的事情，可以让孩子从小养成自己的事情自己做的习惯，让孩子不会过于依赖父母，也能让孩子勇敢地面对困难，敢于独立解决问题。

2. 培养孩子挑战挫折的勇气

看到很多孩子玩轮滑，晓辉也让妈妈给自己买了一副轮滑，然后兴冲冲地来到广场上学习轮滑。广场上有很多孩子，大部分都是刚刚接触轮滑，很容易滑倒，在多次滑倒后，很多孩子都赌气不玩了。晓辉同样摔倒了很多回，也赌气喊着不玩了，在广场边乘凉的妈妈笑着说：“辉辉，遇到这么点困难就想放弃了吗？你可是男子汉哦。而且那边的大哥哥为什么能滑得这么好呢？你好好总结一下原因，妈妈相信你一定也能滑得很棒。”

受到鼓励的晓辉下定决心要滑好，于是他越挫越勇，摔倒后又立刻爬起来。而且每爬起一次，他都会总结为什么会摔倒，滑轮滑时还应该注意什么。通过一次次的摔倒，他发现，站不稳他可以先扶着墙滑；容易滑倒是因为他的重心太高，应当双脚分开，与肩同宽，同时身体前倾。运用总结的经验，晓辉越滑越好，甚至开始教别的孩子滑起来。

晓辉在学轮滑的过程中受到了挫折，但妈妈的鼓励让晓辉鼓起了战胜挫折的勇气。他一次次受挫，但又一边总结经验，一边再次挑战挫折，最终成功地战胜了挫折。

在孩子的成长中，父母要教孩子学会直面挫折，鼓励孩子战胜挫折。孩子的成长不可能是一帆风顺的，没有经历过挫折洗礼的孩子，在遇到困难时会很容易退缩。但如果是习惯了面对挫折，挑战挫折的孩子，在面对困难的时候就能够做到勇往直前，想办法击败困难，解决问题。

3. 让孩子学会向他人请教

孩子在解决各种问题时，难免会在某一部分经验不足，会遇到不知如何解决的情况。这就需要孩子学会通过向他人请教，来获取解决问题的经验。

但是，有的孩子因为好胜心过强，习惯了自己独立解决事情，而不喜欢向他人请教。面对这样独立性强的孩子，父母要告诉孩子，人的能力是随着年龄的增长，阅历的增加而提升的，孩子总会遇到一些以他目前的能力暂时还无法解决的问题。所以，父母要让孩子明白，有独立性，有独自解决问题的决心是好的，但不能刚愎自用。即，在一个自己不熟悉、不了解的领域，不应该独自埋头苦干，还应当向有经验的人请教。

有些孩子则是因为不好意思才不向他人请教。因为他们觉得向他人低头请教很丢人，因而即使不会解决某些问题，将问题放在一边，看着问题越积越多也不去请教别人。面对这样的孩子，父母要让孩子明白，向他人请教，是为了让自己更好地进步，而且人人都是平等的，只是在一些个别的领域人与人的经验水平是不一样的。因此，向他人请教，不要觉得不好意思，解决问题，并从中获取经验，然后提升自己的能力才是重要的。

同时，父母还要让孩子明白，解决问题最终还是要靠自己。遇到问题时一点脑子都不动，直接去照搬别人的经验同样是不对的。

告诉孩子，吃亏是福

可欣所在的初中进行教育革新，每个班级的同学都被分成了几个小组，同学们上课时按组来回答问题，提交作业。可欣的同学几乎都是独生子女，在家中都是很自我的小皇帝，所以在分配任务时都不愿意负责更多，可欣所在的小组也不例外。可欣乐于助人，是个腼腆安静的女孩，同组的同学便理所当然地将大部分的学习任务交给了可欣，可欣觉得很吃亏，一向温和的她难得的有些生气。

可欣回到家中，向妈妈抱怨同学们的行为。妈妈思考了一番，然后问可欣："如果你不用负责这些学习任务，你回到家会做些什么？"听到妈妈忽然问出这样一个问题，可欣愣住了，"是不是会回来看电视呢？"妈妈继续问道，"欣欣，你之所以觉得吃亏了，无非是因为承担的这些任务，耽误了你回来看电视或出去玩的时间，而你的同学将这些任务交给你，他们则有了更多的玩的时间，你觉得很不平衡，对不对？"

看到可欣红着脸点了点头，妈妈继续说道："欣欣，你忽略了这样一个问题，学习本来就是你应该去做的。只不过在和其他同学的对比之下，你看起来损失了很多玩的时间。但相对地，你也学到了更多知识。所以，从学习进步的角度，用长远的眼光来说，你在完成任务的同时学到了更多知识，你其实没有损失反而获得了进步的机会。不是吗？”

“对啊，我的同学看起来好像占了便宜，不用费力完成任务，但他们同样也失去了学到更多知识的机会。”可欣恍然大悟。

“很对！”妈妈补充道：“而且，如果你出色地完成了更多的任务，你不觉得更能让人刮目相看吗？”

听到妈妈这样一番话，可欣不再觉得自己吃亏了。她很认真地查找资料，出色地完成了被分配给她的学习任务。并且，再遇到小组分配任务时，面对大部分任务，她不会生气推辞，而是努力认真地完成这些任务，并在完成任务的同时，努力获取更多的知识。

一学期过去了，与可欣一组的同学对可欣的学习能力都很佩服，更对她拥有如此丰富的知识而感到惊讶。

所谓的吃亏，就是指孩子认为自己的付出多于回报，或在某方面遭受了损失。与吃亏相对的，就是占便宜。没有哪个孩子愿意吃亏而不占便宜的。有时，吃亏表面看起来是付出了更多，遭受了损失；占便宜表面看起来是得到了好处，但结果却可能恰恰相反。

从长远来看，经常占便宜对孩子的成长发展并无好处。

首先，人生不可能一帆风顺，人也不可能一直不吃亏。如果孩子在成长过程中一直都在占别人便宜，那么他在突然吃亏后，会很受打击，会感受到很大落差。

其次，一个总不吃亏的人不容易收获友谊。如果一个孩子在成长时，满脑子想的都是占别人便宜，孩子难免会成长为一个心胸狭隘的人，这样的孩子不会收获良好的人际关系。

最后，父母要让孩子知道，有时候吃亏对于自己能力的成长是有好处的。如果孩子在与大家的共同的工作中占了便宜，那就意味着他偷懒了，少干了事。因为孩子都是在生活实践中锻炼成长的，一时的偷懒少做事，看起来悠闲了很多，但对孩子的成长，能力的提高没有一点好处。

所以，对于孩子的成长来说，吃亏不一定是一件坏事。尤其对现在这些很少吃亏的独生子女来说，吃亏更是一种成长的历练。所以，培养孩子勇于吃亏，乐于吃亏，并学会从吃亏中获得成长是很有必要的。那么父母应如何做呢？我们有以下几点建议：

1．培养孩子宽广的胸怀和乐观的心态

一个孩子有了宽广的胸怀和乐观的心态，才能淡然地面对吃亏，也才可以做到在吃亏后毫无怨恨，用积极的心态去面对未来的路。如果一个孩子从不吃亏，没有宽广的胸怀和乐观的心态，那么这个孩子在偶尔吃亏时，会变得斤斤计较，一丝一毫都不肯相让，还会对周围的人造成负面的影响。这对孩子以后的人际交往是没有好处的，也不利于孩子各方面的成长。而拥有宽广的胸怀和乐观的心态，能让孩子在解决一些问题或一些矛盾上勇于吃亏，用自己吃一些小亏换取更好的局面和更好的人际关系，这对孩子成长大有益处。

要想培养孩子拥有宽广的胸怀和乐观的心态，父母要从日常小事做起。比如，孩子和朋友闹矛盾了，父母不应该意气用事地对孩子说一些“那就不和她玩了”、“都是她的错”之类的话。而应让孩子学会分析自己的错误，学会向别人道歉，学会自己解决问题。

2．教孩子辩证地看待吃亏

塞翁失马，焉知非福。父母要让孩子明白，有些事情从表面上看，是一件让自己吃亏的事。但换个角度看，却可能是一件对自己有帮助的事。也就是说任何事情都是有两面性的，即使是吃亏，也有对自己有帮助的一面。

父母要教孩子用辩证地眼光看待吃亏。即，让孩子学会将吃亏的事变成对自己有帮助的事，或从吃亏的事情中发现对自己有利的一面，让孩子能从吃亏中吸取经验教训，取得进步。

具体来说，父母要在日常生活中培养孩子的辩证思维能力。比如，在发生一件事情后，父母可以尝试和孩子进行讨论。既可以先讨论好的一面，再讨论不好的一面。也可以父母和孩子各占据一方进行辩论，然后调换角度。或者，父母可以选择一个很实际的问题，与孩子共同分析讨论解决办法，并分析各种解决方法的可行性以及带来的后果。这样长时间锻炼下来，孩子在面对问题时会考虑得很全面。即使在吃亏时，也能发现有利于自己的一面，进而取得不小的收获。

3. 让孩子明白，不能事事吃亏

父母还要让孩子明白，做人要有原则和底线。虽然孩子需要学会吃亏，乐于吃亏，但是对于那种故意为难人的“吃亏”也不能轻易接受。忍让吃亏有时是解决问题的好办法，但过于忍让，事事吃亏会让孩子生活得很艰难，不容易成功。

所以，父母还要教孩子辨别是非。要让孩子学会看清楚哪些吃亏是别人无意造成的，哪些吃亏是别人故意造成的。对于那些别人无意造成孩子吃亏，父母要教孩子学会释怀。对于那些别人故意造成的吃亏，父母要教孩子学会严词拒绝。

父母也要让孩子保有一份对于吃亏的底线和原则。让孩子学会抉择，知道吃哪些亏不会带来很大损失，可以接受。也知道吃哪些亏不会有任何好处，需要拒绝。

第八章 父母善表达，孩子沟通能力强

让孩子懂得真诚地赞美他人

嘉佳上小学六年级，性格开朗外向，虽然嘉佳的父母平时工作很忙，但是嘉佳很争气。在小学阶段成绩基本稳定在班级前三名。这让嘉佳的父母很欣慰。

嘉佳上小学的时候，因为父母工作比较忙。所以嘉佳经常去爷爷奶奶家，虽然老人家只有嘉佳一个孙女，但是两位老人对嘉佳从来不溺爱。如果嘉佳做错了什么事，爷爷奶奶会严厉地批评孩子的行为。如果嘉佳做对了事情，父母觉得孩子把事情做对、做好是应该的。

父母严格地管理加上孩子自身的争气，使得嘉佳在小学六年的时间都很优秀。在父母看来，孩子不仅学习成绩优异，而且待人处事彬彬有礼。因此当嘉佳升入初中的时候，父母觉得孩子除了学习任务多了一些之外，在生活上不会有多么大的变化。

可是，在嘉佳初一上学期结束的父母会上，班主任对嘉佳父母说的话却让父母又意外、又伤心。因为父母知道孩子小学时期的成绩一直很优异，而且学习比较自觉，很少让父母操心。所以嘉佳上初中以后父母一直没有主动了解过孩子的学习成绩。在和嘉佳的班主任聊了之后父母才知道，原来孩子从初一上学期成绩就开始下降。嘉佳不仅在学习成绩方面不理想，而且与同学相处也不是很融洽。嘉佳和同学之间的关系都很冷淡，经常独来独往。

开完家长会回到家以后，嘉佳的爸爸主动和嘉佳聊天，说起了学校里面的事。

爸爸说："嘉佳，平时听课都能听懂吗？作业如果有不会的你怎么办？"

嘉佳说："刚上初一的时候上课还能听懂，后来学习任务多了起来。有时候听不懂。老师比较忙，也不怎么主动课下给学生讲解问题。慢慢地，不会的就越来越多。"

爸爸说："老师一般都比较忙，那你的同学们呢，他们如果遇到不会的问题会怎么办？"

嘉佳说："同学遇到不会的问题一般会和其他同学讨论。可是我觉得我们班的同学好像不太喜欢和我交流，所以平时我也不会主动和他们讲话。"

爸爸说："今天我和你的班主任交流了你的问题。班主任反映你在班里不太会人际交往，你是不是不太爱赞美别人啊。"

嘉佳说："我为什么要赞美别人啊，把题目做好，成绩优秀是应该的啊。"

爸爸说："有些时候赞美别人是一种礼貌。一个人把一件事做得很优秀是要付出很多劳动的。这是应该值得我们发自内心去佩服他们的。"

嘉佳听了爸爸说的话，心里还是有些不明白。

其实，在我们的日常生活中，很多父母都会遇到像上文中嘉佳父母遇到的情况。孩子不懂得赞美别人的重要性，而且不知道如何去赞美别人。

孩子不知道主动去赞美别人的原因可能是还不知道赞美的含义。赞美是发自内心的对于美好事物表示肯定的一种表达。恰如其分地赞美别人能使我们更好地与朋友、老师交往，也可以增进我们与朋友和老师之间的友谊。

父母应该主动帮助孩子了解赞美的含义，当孩子明确了赞美的意义之后，会主动地在人际交往中使用“赞美”这个方法。在日常生活中父母也要常常赞美孩子，让孩子深切地体会到赞美的好处。上文中的嘉佳不知道如何去赞美别人，一部分原因是她的家人平时很少赞美她。使得嘉佳觉得不仅自己把事情做好是应该的，不需要赞美，而且别人把事情做好也是应该的。

所以，父母首先应该让孩子知道赞美的作用。要告诉孩子，赞美可以让别人开心、快乐，让他人更有自信心。适当的赞美有利于人际交往，创造良好气氛，是人际关系的润滑剂，而且赞美可以提高自己的口语交际能力。其次，在日常生活中父母应当多赞美孩子，让孩子对赞美有一个自身体会，并逐步提高孩子的自信心，让孩子有成就感。最后，父母可以鼓励孩子多去尝试新的事物，鼓励孩子把一件事情做好做精，这样，孩子会更加真切地体会到付出后的愉悦。

父母如何教会孩子赞美别人，我们有以下建议供父母参考：

1. 赞美一定要真诚，发自内心

真诚即真实诚恳，真心实意、坦诚相待，以从心底感动他人而最终获得他人的信任。真诚是赞美的先决条件。只有名副其实、发自内心的赞美，才能显示出它的光辉，它的魅力。赞美要真正发自肺腑，情真意切。言不由衷的赞美无疑是一种谄媚，最终会被他人识破，只能招来他人的厌恶和唾弃。父母在教导孩子如何真诚地赞美别人的时候，可以告诉孩子如何发现别人的优点。让孩子学会去赞美别人，发自内心地佩服他人。

2. 教会孩子适时地赞美他人

有些孩子虽然知道去赞美别人，但是在场合、时间的把握上并不是很好。赞美的场合和时间不对则很有可能会弄巧成拙。

父母应该告诉孩子，恰到好处的赞美是十分重要的。当孩子发现对方有值得赞美的地方，就要善于及时大胆地赞美，不要错过机会。例如在别人成功之时，送上一句赞语，就犹如锦上添花。在这种情况下听到赞美的人会觉得心情格外舒畅，认为自己遇到了知己。

3. 赞美要具体、适度

父母应该告诉孩子，赞美并不是夸夸其谈，看到什么优秀的都赞美，而是应该具体，适度地赞美。赞美的内容要具体，不要笼统。比如同学作文获奖了，孩子可以这样赞美他："你作文真棒！"而不要笼统地说："你真是个优秀的学生。"这样未免有泛泛之嫌。

赞美的尺度掌握得如何往往直接影响赞美的效果。恰如其分、点到为止的赞美才是真正的赞美。如果在赞美中使用过多的华丽辞藻，则成了过度的恭维、空洞的吹捧，只会使对方感到不舒服、不自在。古人言，过犹不及。所以赞美一定要具体且适度。

学会教育爱说他人坏话的孩子

洋洋是家里的独生子，从小到大爸爸妈妈把他视为掌上明珠，而且爷爷奶奶对他也极为宠爱。洋洋有什么要求，基本上都会得到满足。家里人希望孩子可以健健康康的成长，在学校好好学习，以后考一个好的大学。

洋洋在学校的成绩属于中等水平。在洋洋的父母看来，这样的成绩已经让他们满意。父母平时对洋洋也没有太多的管教。因此洋洋有些娇生惯养，动不动就闹小脾气，时不时“要星星，要月亮的”。如果洋洋提出什么要求，父母一般尽量满足，认为孩子现在还小，不懂事，长大了自然就好了。

慢慢地，洋洋长大了，上了初中。父母以为孩子上了初中以后，经历的事情多了，也会变得更加懂事。可是洋洋上了初中以后脾气越来越大。父母觉得可能是孩子的学习压力变大了。可是通过和洋洋班主任的沟通，洋洋的妈妈得知孩子不仅成绩不理想，而且与同学们的关系也不是很好。

在家里，有时候父母会听到洋洋抱怨周围的人和事。父母平时也不放在心上。可是发生在周末的一件事改变了父母的想法，洋洋的妈妈意识到了孩子在处理事情的时候思想和方法出现了问题。

周末的一天，洋洋的妈妈带着洋洋去服装店买衣服。妈妈在那儿挑衣服，让洋洋到外面玩了一会儿。洋洋回来的时候，妈妈正和售货员谈论衣服的质量和价钱，洋洋走到妈妈身边悄悄地说：“妈妈，我刚才碰到同学重重了。”稍停了一会儿，洋洋又说：“他学习成绩不算好，这次考得不怎么样。”这话声音虽然有点放低，但还是不算小。

洋洋的妈妈听了之后没有说什么。回到家之后和洋洋谈起了今天发生的事情。妈妈问：“洋洋，为什么要在背后说别人不好啊。”

洋洋说：“我说的都是实话。重重确实成绩不好啊。”

妈妈说：“无论重重考试成绩好不好，你都不应该说。重重如果知道有人这样说他该多伤心啊。而且背后议论别人是不礼貌的行为。你想想，如果你考试成绩不好，自己已经很伤心了，别人在背后议论你，那你该有多伤心啊。”

洋洋听了妈妈的话，很久没有抬头。过了好大一会儿，洋洋说：

"妈妈，我知道错了，我以后再也不说别人坏话了。"

妈妈听后，欣慰地点点头说："这才是好孩子。"

上文故事中的情况很多父母在实际生活中可能也遇到过。其实，现代社会中很多孩子都是独生子女，从小娇生惯养。在生活中常常是要什么得什么，想什么有什么。如果孩子做错了什么事父母会觉得孩子还小，长大了自然会变得懂事的。殊不知，父母的这种做法常常会让孩子形成错误的价值观。在遇到事情的时候并不知道该如何处理。只会一味抱怨，这样发展下去有可能会让孩子养成一个很不好的习惯：在背后说小伙伴的坏话。

孩子说别人坏话对孩子自身的健康成长是有极大危害的。首先，孩子说别人坏话会影响孩子的人际关系。如果孩子经常说小伙伴的坏话，被别人知道了，可能不会再和孩子做朋友。当孩子遇到困难的时候也没有同学帮他。这对孩子个人性格发展和提高学习成绩都会有危害。其次，孩子说别人坏话很有可能会使得孩子养成推卸责任的心理，当事情做错的时候孩子会想这是别人的问题，是别人做得不好，而不会首先检讨自己，从自身找问题。最后，孩子讲别人坏话对培养孩子的团队协作能力有很大的危害。孩子说别人坏话会破坏同学们之间的感情。影响孩子与他人的团结协作。

父母如何引导孩子不说小伙伴的坏话，我们有以下建议供父母参考：

1. 明确告诉孩子说别人坏话是错误的

父母应该十分明确地告诉孩子说人坏话的做法是错误的，让孩子知道这样做是不礼貌的。无论小伙伴有没有缺点，孩子都不应说别人坏话。

父母在指出孩子错误的时候也要注意场合。例如上文中洋洋妈妈在指出洋洋错误的时候做法很正确，她并没有在别人面前直接指出孩子的错误，而是选择了回家和孩子谈心。这样的做法既保护了孩子的自尊心，也让孩子知道自己犯错误的原因。当孩子在做一件事情的时候，父母应该给孩子一个对错的明确态度。告诉孩子基本的价值判断标准是什么。孩子讲小伙伴坏话，父母就要明确地指出这种做法是错误的。

2．给孩子树立正确的价值观

如果父母发现孩子有说别人坏话的习惯，应该和孩子讲道理，让孩子知道这种做法是不对的。有些孩子说小伙伴的坏话是因为孩子并没有意识到这种做法的错误性，心中还没有一个明确的价值判断标准。认为自己只不过是在发表自己的看法，没有意识到这样做对别人的危害。父母应该给孩子树立正确的价值观，让孩子知道是非对错。帮助孩子树立良好的道德观念，树立正确的价值观。

3．引导孩子发现别人的优点

父母要教育孩子主动发现别人的优点，并让孩子知道：金无足赤，人无完人。要让孩子坦然接受别人的缺点。孩子说别人坏话一部分原因是孩子觉得这个小伙伴不够优秀。父母应该让孩子知道每个人身上都有优点和缺点，要努力发现别人的优点，不要把目光聚焦在别人的缺点上，要去赞美别人，而不是说别人坏话。

禁止孩子说脏话，让孩子口吐莲花

夏夏12岁了，上小学六年级。因为父母平时很注重对夏夏的教育，而且夏夏也很聪明伶俐，因此夏夏在上小学期间的时候成绩一直很好。在父母眼里夏夏也是一个乖巧的孩子，平时很少和父母顶嘴。

上了初中以后虽然学习压力变大了，但是孩子的见识和经历更为开阔了。夏夏比以前更活泼。回到家以后经常兴致勃勃地和父母说起学校里发生的新鲜事。夏夏的爸爸看着孩子变得越来越能说，心里也觉得孩子在慢慢地长大。

有时候夏夏偶尔会在对某件事发表评论的时候说带上一些脏字。父母认为这也无伤大雅，觉得孩子是无意中说出脏话的。但是，最近在家里发生的一件事让夏夏的父母觉得很尴尬，意识到了孩子说脏话的危害性。

有一次夏夏妈妈一个久未联系的大学好朋友突然来北京出差，夏夏的妈妈自然十分高兴，对朋友盛情款待。妈妈的朋友对夏夏赞不绝口，并抱起来亲了亲，可夏夏却满口脏话，不要妈妈的朋友抱他。朋友开始好像没听懂，又摸了夏夏一下，夏夏又骂了一句。妈妈拉过孩子打了两下。朋友感到十分扫兴却又不好意思表现出生气的样子，劝夏夏的妈妈不要生气。可是朋友越劝，夏夏的妈妈越生气。结果，好好的一次聚会也不欢而散。

朋友走后，夏夏的妈妈与夏夏长谈了一次。妈妈问："为什么要说脏话啊？"

夏夏说："我不喜欢那个阿姨碰我。"

妈妈说："阿姨抱你是因为她觉得你很可爱，是喜欢你的表现。即使你不喜欢阿姨抱你，也不能说脏话啊。你看后来阿姨和妈妈都生气了。你这样做会让阿姨和妈妈都很伤心的。"

夏夏说："妈妈，以后我不说脏话了。"

妈妈说："有什么想法你可以直接说出来，不要选择说脏话的方式。说脏话不仅不能解决问题，反而会使问题变得更糟糕。"

夏夏听了妈妈的一席话以后，很久没有再说话。

其实，生活中，很多父母可能都会遇到类似上文故事中夏夏父母的情况。父母一开始没有意识到孩子说脏话的危害性。认为孩子说脏话可能只是一时不注意，或者是好奇，认为孩子长大了自然就不会说脏话了。父母应该明确告诉孩子说脏话是一种不礼貌的行为。当孩子说脏话的时候父母应该立即制止。

孩子说脏话的原因主要有以下几种：

第一，因为新鲜好玩。处于小学和初中阶段的孩子都有很强的好奇心。喜欢去模仿事物。父母如果听到孩子讲脏话，而应该告诉孩子："说脏话是不文明的行为，不要说脏话。"把孩子不文明的行为消灭在萌芽状态中。孩子在说脏话的时候基本上没有什么恶意。孩子的模仿欲强，有时听到别人讲脏话会情不自禁地模仿。如果父母看到了孩子的这种情况，要明确地告诉孩子这样说话方式是不对的。

第二，孩子追求团队认同感。在上学以后孩子会遇到各种各样的同学，在与人相处的过程中孩子也在学着如何更好地与人交往，更好地融入一个团体。如果在孩子要融入的这个团体中有人经常说脏话，孩子很容易也学会说脏话。也就是所谓"近朱者赤，近墨者黑"。虽然父母认为孩子交了坏朋友，沾染了坏习惯，孩子却并不知道。孩子说脏话有时只是一种盲目模仿，主观上并没有要侮辱人的意愿。在这种情况下父母需要了解孩子的交友环境，让孩子远离爱说脏话的孩子，多交良友。

第三，说脏话有些时候是孩子叛逆的表现。有的孩子认为说脏话是"酷"，是为了表明自己更像一个大人，是孩子内心渴望独立的表现。也可能是他们对生活环境，比如学校或家庭的有些事情不满的表现，渴望有所变化。这时候父母不要一味地阻止孩子表达自己的观点。而要试着去了解孩子内心真实的想法。查明孩子说脏话的原因，做到有针对性地教育，才能成功地改正孩子说脏话的坏习惯。

父母如何帮助孩子改掉说脏话的坏习惯，我们有以下建议供父母参考：

1. 增强孩子的是非观念，给孩子树立正确的价值观

很多孩子说脏话只是因为盲从，而没有明确的是非观念，甚至根本不了解脏话的含义。父母应该抓住每一个能增强孩子判断是非能力的机会，主动与孩子沟通，向孩子解释这些词语坏在哪里。也可以和孩子一起分析孩子喜欢的英雄以及成人是怎样说话的，利用榜样的力量，正面教育孩子。这样，从正反两方面教孩子明辨是非，使孩子在头脑中形成正确的是非观念，对孩子养成良好的语言习惯大有裨益。平时注重教导孩子不要说脏话，帮助孩子树立正确的价值观，让孩子学会自己去判断是非。

2. 净化孩子的语言环境，给孩子树立良好榜样

处于小学和初中阶段的孩子模仿力十分强。尽管孩子会经常从电视电影或小朋友那里学会许多不雅之语或不健康儿歌，但父母可以做到在家里给孩子一个干净健康的语言环境。父母做好榜样，对孩子养成说文明语言的习惯具有很大的帮助。在家里父母要教育孩子谨慎地选择电视节目，引导孩子玩文明健康的游戏。对孩子说粗话脏话的行为，要及时加以纠正。

古代有“孟母三迁”的故事，那是为了给孩子寻找一个良好的成长环境。在现代社会中父母也可以带孩子多参与一些公益类的活动。让孩子多参加一些具有高尚道德的活动。

3. 孩子说脏话要给予适当惩罚，督促孩子养成良好习惯

在帮助孩子养成良好习惯的过程中，父母可以对孩子说脏话的行为进行适当惩罚。有些孩子的自制力差，即使父母多次警告和解释，孩子有时还是会时不时地说脏话，甚至一而再，再而三地使用不文明的词语。对于这样屡教不改的孩子，父母可采取适当的惩罚措施。要明确告诉孩子，如

果再说脏话，就会失去某些权利，如不带孩子出去游玩或不让他看爱看的动画片等。父母也可以适当地运用隔离法，让孩子自己待在一个房间里，让孩子自己好好静静。当然，父母必须确保孩子的安全。让孩子自己单独地思考、反省一番，也许会收到更好的教育效果。

让任性的孩子在“和风细雨”中接受教育

亮亮是小学六年级的学生，虽然是家里的独生子，但是父母对他从不溺爱。无论是生活上还是学习上，父母对亮亮的教导都很严格。亮亮平时在学校学习很努力，因此他在学校的成绩一直很优异，考试排名基本稳固在班级前三。孩子优异的成绩也让父母更加坚信自己对孩子的教导方法是正确的。

亮亮的爸爸以前是军人，加上性格直爽，所以说话一般都比较直接。如果亮亮平时犯了什么错误，或者哪里做得不好，没有让爸爸感到满意，爸爸基本上都会直接指出孩子的错误。久而久之，家里人也已经习惯了亮亮爸爸和孩子的这种沟通方式。

亮亮长大了，上了初中。对于亮亮的初中生活，亮亮的父母很放心，认为孩子小学时期的学习基础很好，平时在待人处事方面也很有礼貌。初中生活应该会比小学生活更加丰富多彩。

可是亮亮上了初中以后，遇到了一些问题。一开始他还和父母沟通，但是父母通常的做法便是直接指出亮亮的错误，让他学会从自身找问题。有时候一家人说着说着便会吵起来。几次争吵过后，亮亮也

很少主动和父母沟通了。

初一结束的班会课上，亮亮的父母找到他的班主任了解亮亮在学校的表现。班主任的回答让亮亮的父母感到很伤心。

班主任说：“初一刚开学的时候，通过平时的上课表现我们可以看出来，亮亮小学的学习基础是很好的。可是初中不同于小学，学习压力大了很多。可能是亮亮没有找到适合自己的学习方法，现在亮亮的学习成绩并不理想，而且说话比较生硬，有时候会和同学们产生一些矛盾。”

亮亮的爸爸听完老师的话后，说：“我和亮亮的妈妈也反思过我们对孩子的教育方式可能出现了问题。我们平时教育孩子都是采取比较直接的方法，孩子小的时候还能接受，可能是孩子长大了吧，渐渐地开始不能接受我们的教育方式。老师，你放心，我们一定改变自己对孩子的教育方法。”

亮亮的爸爸在回家之后认真反思了自己对孩子的教育方式，觉得亮亮长大了，不能再像以前那样在孩子遇到问题的时候直接批评了，应该采取委婉的方法。

在那之后，亮亮的爸爸在亮亮遇到问题的时候会试着从另外一个角度给孩子分析问题。慢慢地，亮亮与父母的沟通越来越多了，人也变得越来越开朗了。而且令父母高兴的是：亮亮在初三毕业那年考上了重点高中。

从上文的故事中我们可以看出，父母巧妙地批评，委婉地提建议对于促进孩子健康成长的重要性。

有一个很出名的例子，说的是美国总统约翰·卡尔文·柯立芝宝。这位总统以少言寡语出名，常被人们称作“沉默的卡尔”，但他也有出人意料的时候。

柯立芝有一位女秘书，人虽长得不错，但工作中常粗心出错。一天早晨，柯立芝看见秘书走进办公室，便对她说："今天你穿的这身衣服真漂亮，正适合你这样年轻漂亮的小姐。"这几句话出自柯立芝口中，简直让秘书受宠若惊。

柯立芝接着说："但也不要骄傲，我相信你的公文处理也能和你一样漂亮的。"果然从那天起，女秘书在公文上很少出错了。

一位朋友知道了这件事，就问柯立芝为什么要这样做。柯立芝说："这很简单，你看见过理发师给人刮胡子吗？他要先给人涂肥皂水，为什么呀，就是为了刮起来使人不痛。"

从柯立芝用间接方式批评女秘书的例子来看，很多时候巧妙的批评就像是"他要先给人涂肥皂水就是为了刮起来使人不痛"一样。在批评人的时候，如果直截了当地责备可能会伤害别人的自尊。而先表扬别人再加一句合适的批评，效果才会更好。这样让他人在改正了缺点的时候也不会难过。犹如"刮胡子涂肥皂水"，既解决了问题，也照顾了他人的情绪。

有些父母认为处于小学和初中阶段的孩子还不懂事，批评孩子，孩子也会很快忘掉，其实这种想法是不正确的。过于直接的批评不仅会让孩子的自尊心受到伤害，而且会打击孩子的自信心。有些父母在邻居面前批评孩子，可能会使得孩子认为自己在邻居面前"很没有面子"，进而使得孩子不敢再主动和邻居说话。这对孩子的健康成长是有很大危害的。

父母如何巧妙地批评孩子，我们有以下建议供父母参考：

1. 采用恰当的语气，控制好情绪

语气是表示说话人对某一行为或事情的看法和态度。是思想感情运动状态支配下语句的声音形式。从关于语气的定义中我们可以看出来，语气在人与人的交流中有着重要作用。因此，父母在批评孩子的时候也应该多注意自己的语气。

父母在批评孩子之前，可以大概评估一下事情的严重程度，找准自己需要的语气。如果事情本来没有那么严重，就不必大动肝火；同样，如果事情需要严肃对待的时候，父母就不能再那么温柔，应该改变语气让孩子知道事情的严重性，给孩子留下较为深刻的印象。让孩子可以通过父母情绪的变化理解事情的轻重。

2. 找到适当的场合，适当的机会

有些时候孩子是在人多的场合犯错，这样会让父母觉得脸上很没有面子。有些父母便当着其他人的面批评孩子，表达自己对孩子这种做法的不赞同。其实，父母的这种行为可能会深深地伤害孩子的自尊心。而且这样可能会使得父母与孩子之间的关系恶化。孩子会觉得父母在他人面前不但不保护自己，反而伤害自己。

尽量不要在人多的地方或别的小朋友面前批评孩子，或者表扬别的小朋友，这样会伤害孩子的自尊心，甚至会加强孩子的逆反心理。也不要经常把自己家的孩子和别的小朋友放在一起比较，这样会挫伤孩子的自信心。最好的方法是父母和孩子单独谈话，让孩子明白其中的道理，与此同时，父母对孩子的批评要及时，不要拖拉。

父母还可以在孩子犯错之后及时和孩子一起分析错误的原因，吸取教训，对孩子来说是很好的教育方式。很多孩子在犯错之后便把事情忘得一干二净，不记得自己之前做过什么，如果父母在孩子忘记了自己犯过什么错误之后再进行批评教育，可能已经没有什么作用了。

如果必须要在孩子犯错过了一段时间再教育孩子，可以让孩子自己回忆起当时的细节，或者由父母来将这件事情复述一遍。这样，虽然批评并不那么及时，但也还是能起到作用。

主动沟通，让孩子的人生道路更平坦

欢欢是家里的最小的孩子，上面还有一个姐姐。也许是因为欢欢是家里老小，父母对欢欢更为照顾一些。姐姐在遇到事情的时候也会让着欢欢。

欢欢平时学习很努力。学习成绩一直很理想。如果在学习上有什么不明白的地方，父母和姐姐都会主动帮助欢欢。因此虽然欢欢在学习方面的天赋一般，但是不懂的地方可以及时得到解决，一直以来成绩还是很好的。

欢欢上了初中，因为初中离家比较远，而且父母平时的工作比较忙，所以欢欢选择了一所寄宿学校。在父母看来，欢欢小学的学习基础很好，而且孩子平时在生活上也可以自理，所以父母对欢欢上寄宿制的学校很放心。

寄宿制的学校一个月放一次假，刚开始父母可以感觉到孩子很喜欢初中生活，欢欢经常打电话向父母说学校的生活有多么的新奇和丰富。可是慢慢地，欢欢经常在电话里说自己不适应初中生活。欢欢的妈妈想要进一步了解孩子在学校的生活和学习状况，因此，找到了欢欢的班主任，询问孩子在学校的情况。

班主任说："欢欢这个孩子啊，平时很听话，在学习上也很努力。可是，孩子不知道去主动沟通，无论是在生活还是学习上，如果遇到了问题，一般不会主动地去寻求老师或者同学的帮助。这种性格可能会给欢欢的初中生活带来很大的不方便。”

妈妈说：“我们家欢欢呀，是家里的老小。平时在家我和她爸爸，她姐姐都比较照顾她。可能让欢欢在性格上有些过度地依赖家里人。请班主任放心，我们回家好好和欢欢谈谈。”

欢欢放假回家后，妈妈和欢欢进行了一次谈话。妈妈说：“欢欢呀，我听你的班主任说，你平时在学校如果遇到了问题很少主动和老师或者同学沟通，是吗？”

欢欢说：“是啊，妈妈，我不喜欢主动和别人沟通。”

妈妈说：“你看看爸爸，他以前不是很会做饭。可是你爸爸比较勤快，平时做饭如果遇到了什么难题便会主动问我。这样你爸爸很快就学会了做饭。你平时在学习上也应该这样啊。”

欢欢说：“妈妈，我知道了。你的意思是要我在做事的时候像爸爸那样主动沟通，不等不靠吗？妈妈你放心，我一定努力做到。”

后来，欢欢如果遇到问题后自己试着主动沟通解决。慢慢地，欢欢的成绩果然越来越好了，而且欢欢解决问题的能力明显得到了提高。

从上文的故事中我们可以看出来，父母良好的习惯可以使孩子终身受益，在提高孩子的学习成绩方面有着重要作用。

孩子的处事方法很大程度上是受父母影响的。因此父母在日常生活中便要为孩子树立良好的榜样，让孩子可以看到父母在做事的时候是如何做到主动沟通的。

其实，在我们的生活中，很多父母都希望自己的孩子可以面对问题的时候做到主动沟通，可是却不知道具体方法。父母如何教导孩子做到遇到问题主动沟通，我们有以下建议供父母参考：

1. 给孩子创造一个良好的环境

良好的家庭教育环境是培养孩子学习的自觉性和主动性的前提。“良好”二字主要体现在两代的相互沟通和家庭的学习氛围上。

例如在父母闲下来的时候，不妨问问自己：“我了解自己的孩子吗？”“了解自己孩子的性格、兴趣、学习能力和需求吗？”不管父母的回答是肯定还是否定，作为父母，都应该走进孩子的内心世界，真正了解孩子，才能对孩子的成长提出合理、正确、恰当的要求。父母在教育孩子的时候采取主动沟通的方法，对孩子的影响是很大的。父母在家里给孩子创造一个良好的环境，可以从小影响孩子的认识和思维。

2. 尊重孩子的选择，给予孩子适当的指导

父母要让孩子真正地做到主动沟通，一个很好的方法便是鼓励孩子迈出主动做事的第一步。例如父母可以鼓励孩子挑选自己比较感兴趣的课外班，而不是一副母命不可违、父命不可抗的姿态，让孩子不情愿地参加他不喜欢的小组。现在，许多父母忙于工作，忙于一些生活琐事，无暇顾及孩子的想法。有很多父母喜欢花钱把孩子送到各种培训班，不管孩子喜欢不喜欢，结果孩子往往学不到东西。孩子在选择了自己喜欢的事情以后往往会更加主动地去解决问题，这样也可以增进孩子的责任心。

3. 帮助孩子制订计划，及时鼓励孩子

有些时候孩子做事拖拉已经成了一种习惯，对孩子的这种情况父母要帮助孩子制订合理的计划。父母监督孩子完成目标，是培养孩子自觉性的保证。父母的计划与正确引导，可以使孩子形成良好的学习习惯，是培养孩子学习的自觉性与主动性的关键。也许有些父母抱怨工作忙，顾不上孩子的学习和教育。但是孩子毕竟是孩子，很难有那么强的自制能力和学习自觉性。所以开始的时候，为了使孩子养成良好的学习习惯，强迫手段必

不可少。具体可以在计划中明确学习任务，比如今天上午要孩子做好哪些题目、背诵哪些文章，下午要完成哪些作业、看完哪些书，规定内容和时间，过后进行检查和总结。

父母教育宽严得当，孩子说话言语得当

安安是家里的独子，从小聪明可爱。不仅爸爸妈妈对安安很宠爱，爷爷奶奶对这个孙子也是“捧在手里怕掉了，含在嘴里怕化了”，从小到大，如果安安有什么要求，家里人都会由着孩子去做。在安安的父母看来，没有什么比孩子开心更重要的了。

也许是在家里人的纵容下，安安的胆子比一般的同龄人大很多。很多新鲜的事情安安都敢于去尝试，并且说话也常常是肆无忌惮。遇见了陌生人安安也不害怕，说起话来也是头头是道。有时安安的爸爸会提醒他不要随便说话，一样的话是不能对所有人说的。这时候，安安的妈妈会说：“孩子敢说话是好事，这说明我们家安安的思维活跃。”

安安的爸爸听了这话，也觉得有些道理，于是也不再多批评孩子的行为。安安的父母性格都比较外向，在家里说话一般都比较直接，有时候也会开开玩笑。安安看到父母这样子说话很好玩，也会试着和父母开玩笑，刚开始父母觉得不太合适，但想想孩子还小，长大了自然会改过来的，也就不太在意。

安安上了小学五年级。有一天安安妈妈的一个大学同学出差，顺便来看看安安。到了安安家以后，朋友对安安的爸爸自我介绍说："我叫吴小雨，安安妈妈的大学同学，你叫我小雨就好。"

爸爸听了朋友的自我介绍后说："我叫杜武。我应该比你大吧，你喊我武哥就好。"

在一旁的安安听了两个人的对话后，急忙接过来对妈妈的朋友说："小吴同志，你不用喊我爸武哥，你喊他大武就行。我妈平时就这样喊他的。"说完之后，安安自鸣得意地哈哈大笑起来。父母和朋友在一旁都觉得很尴尬。

妈妈说："安安，不能没有礼貌，要喊阿姨。"

安安说："我不喜欢喊阿姨，再说了，你平时也是直接喊我爸的名字的。"

虽然后来在父母的要求下，安安向阿姨道了歉，一场好好的见面却让大家都觉得有些尴尬。

朋友走后，安安的爸爸和妈妈谈起了孩子今天的表现，妈妈说道："唉，可能都是我不好，平时没有注意教育好孩子，我本来以为孩子敢说话没有什么不好。现在看来，让孩子学会恰当说话是非常重要的。"

爸爸说："是啊，平时我们两个人在家里说话常常是肆无忌惮的，久而久之，孩子也会了我们的习惯。以后我们在说话方面要以身作则，给孩子做好示范。"

生活中，很多父母认为孩子敢于说话没有什么坏处。其实，让孩子学会说话得体才是非常重要的。

父母应该知道，在生活中有着各种各样的人。每个人都有属于自己的性格和心理特点等。这些因素也决定了他们对于信息的要求是不一样的，所以我们不能对所有人用一样的语言信息去交流。因此，教育孩子学会言语得当是很重要的。

孩子的模仿和学习能力是很强的，如果平时在家里父母说话常常做不到言语得当，并且事后也不去反思，时间长了，孩子也会学会父母这一不好的习惯。有些时候当孩子在外面说错了话，别人可能会说："小孩子嘛，不懂事。没关系的。"父母有时候也会一笑了之。孩子可能会觉得原来我说话不分长辈和晚辈也没有关系啊。其实，父母应该在事情发生之后便向孩子说明说话的时候要分清长辈和晚辈，要指出孩子的错误。例如上文故事中的安安父母，当安安小的时候说话不知道尊重父母时，妈妈并没有及时指出孩子的问题，导致孩子见到长辈也不知道怎样说话才是正确的。

处于小学和初中阶段的孩子在为人处世的认知方面正处于重要的学习阶段。父母在平时的生活中应该给予孩子"润物细无声"般的教育。如果孩子不善于表达，对孩子的健康成长来说是有很大危害的。孩子小的时候如果说错话，别人可能会觉得孩子还小，没什么关系，不和孩子计较。可是如果孩子在上了初中以后依然不知道言语得当，比如不知道该如何与老师和同学说话等，可能会让老师觉得孩子不尊重他。这样的话，孩子很可能会在无意中得罪别人。

在教导孩子如何善于表达方面，我们有以下建议供父母参考：

1．父母以身作则，树立良好榜样

我们经常说：父母是孩子最好的老师，尤其是在言谈方面。父母首先要从自身做起，说话言语得当，给孩子树立一个好的榜样。比如父母在和长辈交流的时候应该有礼貌，在和陌生人说话的时候彬彬有礼等，让孩子能够从父母的待人处世方法中知道自己该怎么做。

在周六周日的时候，父母也可以带孩子到社会上参加一些公益活动，比如去敬老院照顾老人，去参加公益晚会等。让孩子更深刻地了解和体会这个社会中的人，让孩子在与别人交流的过程中学会如何与他人交谈。

2. 让孩子分清场合与交流沟通对象

孩子有些时候说错话并不是故意的，而是因为自己分不清应该在什么场合下说什么话。其实，父母应该很明确地告诉孩子如何区分一些基本的场合和说话对象。

比如有些父母在家里说话比较直接，在外面就比较含蓄一些。这种情况下父母可以告诉孩子在家里没有其他人的时候说话可以直接一些。因为爸爸妈妈都是爱你的，了解你的，能够理解你说的话，如果你说错话父母并不会责怪你。但是其他人可能不是很了解你，你不可以随便乱说。否则别人可能会误解你的意思。父母应多注意教给孩子一些基本沟通常识。比如孩子与长辈说话要谦虚，有礼貌，与陌生人说话要收敛等。

3. 给孩子讲道理，让孩子树立正确的价值观

孩子的天性是喜欢自由，常常是想到什么说什么，对于父母的要求可能并不理解。这时候需要父母向孩子讲道理，让孩子知道为什么要这样说话而不能那样说话，这样说话有益的地方在哪里。

如果父母遇到了孩子在他人面前说话不得体的时候，不要当面指责孩子，而应该单独与孩子交流，问问孩子为什么要这样说话，并给孩子指出

这样说话的危害。让孩子树立正确的价值观，知道基本的是非观念，在与人交往的过程中逐步树立正确的价值观。

第九章 父母会处事，孩子社交能力强

父母爱交友，孩子自信受欢迎

闹闹是班级里出了名的乖孩子，上课认真听讲，下课努力复习，成绩总是名列前茅。她平时很安静，在学校与同学沟通交流比较少。同学们聚在一起进行课堂活动的时候，她总是坐在最外边，很少发表自己的看法。上学放学的路上，小伙伴们都三三两两地结伴而行，闹闹却总是独来独往，显得很孤单。老师把这种情况告诉了闹闹的妈妈。

听到老师反映的这种情况后，闹闹妈妈有一点惊讶。

晚上一家人吃晚饭的时候，妈妈打算与闹闹聊聊，了解一下情况。

妈妈："闹闹啊，今天学校有没有什么有意思的事情啊？"

闹闹："没有啊，就是上课。"

妈妈："是吗，你和同桌最近相处得怎么样？有时间邀请人家来家里玩玩。"

闹闹："不用了吧……那个，我不想请她们来家里玩。"

妈妈："为什么啊？"

闹闹："我们平时说话不太多，她可能不喜欢跟我一起玩。"

闹闹妈妈意识到老师说的情况是真的。

闹闹的爸爸妈妈都是公司里的高管，工作又忙又累。因为闲暇时间不多，两人很少参加朋友聚会等社交活动。日常生活中与朋友交流也比较少。闹闹很少和他们讲学校发生的事，他们还以为小孩子比较喜欢跟同龄人在一起玩耍，不喜欢和大人讲自己的事，并没有留心闹闹的交友问题。现在孩子出现这样的状况，让闹闹妈妈很担心。

闹闹的父母工作忙，没有充裕的时间和精力广交朋友，同时也就忽略了闹闹的交友问题。父母是否善于交友、乐于交友，对孩子的性情有着重要的影响。父母性格开朗大方、乐于交友，孩子也会自信、乐观；父母不善于交友，孩子可能会变得内向、怯懦，排斥与他人沟通交流。孩子胆小怕事、拘谨害羞会成为他们交朋友的障碍。

朋友在人的一生中扮演着重要的角色。孩子上学之后与同学、朋友相处的时间甚至多与和父母相处的时间。如果孩子不善于与他人交往，容易被同伴忽视和排斥。朋友之间可以互相学习，互相影响。如果孩子的朋友活泼开朗，孩子也会自信大方；孩子的朋友有耐心、有毅力，孩子做事也会认真、仔细。孩子多交朋友，可以丰富孩子的生活，拓宽孩子的眼界，有益于他们的身心健康。

父母善于交友，孩子也会有很多朋友。父母喜欢与开朗大方的人相处，孩子也自然乐于寻找自信大方的人做朋友。

父母与朋友的交往是孩子学习的榜样。在孩子的交友问题上，我们有以下几点建议供参考：

1．带着孩子参加朋友们的聚会

父母与朋友聚会的时候，可以带着自己的孩子去参加。父母聚会同样也是孩子们聚会的机会。在聚会中，孩子可以认识更多的朋友，拓宽了孩子的朋友圈。在交往的过程中，小朋友们之间有一个从陌生到熟悉的过程。孩子的语言表达能力，与他人沟通的能力都会得到发展。朋友越多，越能够锻炼孩子的交往能力。

沟通交流是双向的，父母可以带着孩子去参加各种各样的活动，也可以在家里举行小型的聚会，邀请朋友带着孩子一块来家里做客。父母可以事先提醒孩子，客人来了要主动打招呼。家里来了客人，适当地让孩子参与招待客人的工作。比如让孩子送果盘、倒水、与客人的孩子一起玩等。

2. 鼓励孩子主动与朋友交往

孩子在学校的生活以学习为主，与朋友沟通交流的时间相对较少。父母可以为孩子提供与朋友交往的机会和条件，除此之外还可以多鼓励孩子参加集体活动。比如参加夏令营、兴趣培训班、团队合作游戏等。如果孩子同朋友一起出行，多准备一些随行物品，让孩子与朋友分享。如果孩子收到邀请出去玩的时候父母要支持；还可以在家里举办一些小聚会，把孩子的朋友们邀请到家里来玩。

3. 父母对孩子的朋友态度要友善

洋洋的学校距离妈妈工作的地方只有10分钟的路程，所以洋洋妈妈有机会便会接洋洋一起回家。放学的时候洋洋会和小伙伴们一起走出校门，洋洋妈妈会与洋洋的小伙伴们聊上几句，问问大家最近都做些什么，看些什么动画片等问题来拉近自己与他们的距离。小朋友们很喜欢洋洋的妈妈，也很喜欢和洋洋一起玩。

父母可以利用好每一次与孩子的朋友接触的机会，多与他们沟通交流，给他们留下友善和蔼的印象。父母与小朋友交流的过程中，可以有意识地讲一些孩子的闪光点，这样有助于增强他的自信心。

父母切忌不要在孩子面前经常对他人讲“我们家孩子害羞，胆小”这样的话。孩子经常听到这样的评价，会给他造成一种“我本来就很害羞，很胆小”的心理暗示，更加不利于孩子与他人交往。

4. 采取正确的方法帮助孩子解决交友的问题

孩子与他人交往的过程中出现矛盾是正常现象。父母可以借这样的机会对孩子进行正确的引导。当孩子与他人产生矛盾的时候，父母可以先对其进行安抚，避免孩子出现逆反心理。与孩子进行沟通，了解事情始末，帮助孩子分析问题。如果是孩子的错误，父母可以帮助孩子将事情梳理清楚。父母可以引导孩子通过换位思考等方式，帮助他们认识到自己的错误并加以指正。父母可以鼓励孩子主动向朋友道歉，争取与朋友重归于好；如果两人产生的矛盾不是孩子造成的，父母要引导孩子宽容地对待他人，将严于律己、宽以待人作为与他人交往的准则。

让孩子保持自尊，不做受气包

阳阳9岁，读小学三年级。妈妈希望阳阳是个优秀的孩子，所以对他的管教一直很严格。妈妈认为不对的事情从不允许阳阳去做，他也很少对妈妈的要求说“不”。

一天阳阳放学回到家中便闷闷不乐。他向妈妈打过招呼后就把自己关在房间里。

妈妈看到儿子心情不好，便去问阳阳究竟发生了什么事。

阳阳告诉妈妈，同桌阿勇总是欺负他，经常抢他的课本，上课的时候还无缘无故戳他的胳膊；妈妈上一次出差给阳阳买的玩具也被阿勇抢走了。今天课间同学们在一起玩的时候，阿勇更是揪着阳阳的耳朵不放。

妈妈担心是小孩子之间打闹的把戏，就让阳阳给自己演示一遍阿勇是如何揪他的耳朵。阳阳演示过后，妈妈看了看他依然红红的耳朵，才意识到儿子真的受了委屈。

妈妈问儿子阿勇欺负他之后，他是怎样做的。

阳阳说："我不敢对他做同样的事，我不知道怎样做他才能不欺负我。"

妈妈也很烦恼，阳阳没有做错什么事，为什么总被同学欺负呢？

阳阳被同学欺负之后，并不知道应该如何保护自己。他一次次选择退让，就成了"受气包"。阳阳接受的家庭教育对他的性情造成了影响。阳阳的父母总是按照自己的想法支配孩子，让阳阳逐渐形成逆来顺受的性格。

父母不能站在平等的位置尊重孩子的意愿，而是采用命令的方式要求他们去学习、生活。孩子长时间处于被保护的成长环境中，在面对外界一些陌生的环境时会产生畏惧、胆怯的情绪。孩子不自信，遇到他人欺负自己的时候，多会采用隐忍的态度。孩子的不反抗可能导致欺负孩子的小朋友变本加厉，问题越来越严重。

当孩子被别的小朋友欺负而回来告诉父母的时候，父母一定要以一种理性的态度来对待。父母不要过度地表现出心疼，或者斥责孩子"没用"。父母可以了解其中的缘由后再确定解决问题的办法。父母过度地介入会对孩子的健康成长形成不利的影响。

父母在日常的教育中可以给孩子灌输"我不可以欺负别人，也不能让别人欺负我"的理念，避免过度地强调忍让使孩子产生怯懦的心理。

为了让孩子不做小小"受气包"，我们有以下几点建议供父母参考。

1. 给孩子表现的机会，帮助孩子建立自尊

为了让孩子不做小小"受气包"，父母应该注重对孩子自尊心的保

护。自尊即自我尊重，指既不向别人卑躬屈膝，也不允许别人歧视、侮辱。面对他人的欺辱，孩子的自尊心会让孩子产生勇气保护自己。

父母对孩子自尊心的保护能够增强孩子的自信心，让孩子在面对困难的时候做到不卑不亢。父母适当地鼓励与夸奖有利于保护孩子的自尊心。但是没有事实基础的赞美会让孩子对自己做出错误的评价。

父母可以为孩子创造表现自己的机会，施展他们的才华，让他们在成功中建立自尊心。比如：家里来客人的时候，可以让孩子帮忙招待客人；如果孩子喜欢烹饪，父母可以在合适的条件下多给孩子做饭的机会；父母可以根据孩子的兴趣，鼓励他在课余时间参加特长比赛，等等。孩子取得进步时，父母要给予诚恳的赞美，增强孩子的自信心。

2. 鼓励孩子勇敢地表达自己的想法

父母要鼓励孩子勇敢地表达自己的想法。尊重孩子，鼓励孩子与自己争辩是非。如果是父母的行为出了错，要勇于向孩子承认错误。

尽管孩子的年龄小，他们对待事物也会有自己的想法和立场。父母应给予孩子表达意见的权利。父母可以支持孩子参与成年人的活动，在活动中尊重孩子的意见，让他知道自己的想法能够得到关注。比如：让孩子挑选家具的款式；给孩子布置自己房间的权利；让孩子选择假期旅行的地点等。

3. 帮助孩子用正确的方式处理问题

张女士的儿子浩浩从小就比较内向，在幼儿园时就被同班的男同学欺负过。浩浩上小学后，张女士很担心儿子在学校会被人欺负。不出所料，时间过去不久，浩浩就向妈妈说，同学牛牛总是无缘无故地撞他。

“我让浩浩具体演示当时的情况，发现牛牛确实是有故意的嫌疑。”张女士很生气。

张女士甚至想自己出面去找那个学生解决问题，但又担心这样会让浩浩在学校受到排挤，被同学孤立。思前想后，张女士告诉浩浩，要严肃警告牛牛，如果再随便撞人的话，就要向老师反映。

浩浩对牛牛做出警告之后，牛牛再也没有欺负过他。

当孩子表示自己受到欺负的时候，父母可以帮助孩子分析对方的行为是否出于恶意。有的孩子会采用嬉笑式的肢体接触表达喜爱之情；有的孩子则会用自身的力量优势欺负其他小朋友。父母帮助孩子分析清楚情况，让孩子更好地解决问题。

孩子受到欺负后，父母要告诉孩子要勇敢地保护自己。孩子可以警告欺负自己的同学，欺负人是不对的行为。如果警告无效，孩子可以告诉老师，寻求帮助。

除此之外，父母还可以与对方的父母进行沟通。让对方的父母引导他们自己的孩子，指出欺负他人是不对的行为，教孩子如何与他人正确地交往。

换位思考惹人爱，善解人意好人缘

威威是一名小学四年级的学生。他非常喜欢读书，妈妈经常从网上给他买喜欢的书籍。周四中午，妈妈从网上购买了一本课外书。晚上妈妈下班，威威便问道：“妈妈，书怎么还没来？”妈妈说：“刚付款不久，书是需要一些时间才可以送到我们手中的。”

第二天中午妈妈刚进家门，威威又问：“妈妈，书怎么还没来？”

妈妈对威威说：“我问过店主了，他说正在送过来的路上呢。”

威威说：“这家店可真慢，店主太拖沓了，效率好低啊，妈妈以后不要买他们家的书。”

妈妈说：“书从那么远的地方来，坐车也需要时间的，我们也要体谅店主啊。”

威威说：“我不管，谁让他送书这么慢。”

妈妈看着威威气鼓鼓的样子，摇摇头便先去做饭了。

周日中午，威威的新书终于被送到。威威拿着新书依然很生气。

威威急于看到自己的新书，只顾着自己的喜乐而不体谅书店店主的难处。他不懂得换位思考和理解他人。换位思考是站在他人的角度和立场看待问题。遇到问题的时候，把自己当成对方，体会他人的感受与想法。

学会换位思考，能够让孩子与他人更好地进行沟通。懂得换位思考的孩子能够体谅朋友的心情。与他人交往的过程中，他们能够以更加宽容、谅解的态度来对待朋友的错误。这样的孩子能够与他人和睦相处，获得良好的人际关系。

不善于换位思考的孩子往往以自我为中心，不愿意关心、帮助他人。这样的孩子经常以自我为中心，不善于接受他人的意见。这会成为孩子与他人交往的障碍。

对于如何正确地引导孩子与他人相处时要善于换位思考，我们有以下几点建议：

1. 父母要为孩子营造换位思考的生活环境

周五晚上，瑶瑶的妈妈下班回来后非常生气。因为她的组员小李将一个数据弄错，导致她们整个小组受罚。瑶瑶的妈妈更是因为此事被罚一个月的奖金。

瑶瑶不明白究竟是怎么回事。但从妈妈的表情上知道妈妈受了委屈，她偷偷地埋怨起小李阿姨，在心里暗暗说道："我再也不到小李阿姨家玩了。"

瑶瑶爸爸安抚妻子说："你先消消气，小李受了什么处罚？"

瑶瑶妈妈："罚了两个月的奖金。"

瑶瑶爸爸："小李的处罚更加严重啊。她来你们公司时间不长，犯一点儿错误也是可以理解的。她现在心里恐怕更不好受。"

妈妈沉默了一会儿说："也对呀。下班的时候，我看小李正在哭呢，我现在给她打个电话。"

瑶瑶妈妈安慰了小李很长时间。等妈妈打完电话，瑶瑶也关心地问妈妈："妈妈，小李阿姨还伤心吗？"

瑶瑶的父母就给孩子做了一个好的榜样。父母的做法让瑶瑶在小事上学会了如何为他人着想。父母需要为孩子营造一个与他人换位思考的生活环境。父母的言行能够对孩子造成很大的影响。在日常生活中，孩子会模仿大人的行为举止。父母懂得换位思考，孩子也会从中受到感染。所以父母需要为孩子提供这样的生活环境，让孩子树立为他人着想的意识。

2. 父母可以用讲故事的方式教育孩子

父母可以通过给孩子讲故事的方式提高孩子换位思考的能力。故事的内容很丰富，可以帮助孩子提高理解他人心理活动的能力。如果父母针对故事中的内容与孩子进行互动，效果可能会更加明显。

父母与孩子进行交流的时候，要鼓励孩子表达自己的感受。这样的交流可以帮助孩子更好地了解他人的情感。父母同样可以积极与孩子分享自己对故事的思考，培养孩子多角度分析问题的能力。

3. 父母需要站在孩子的角度引导孩子

小颖邀请静静到家里来玩。不一会儿，为了抢夺一个布娃娃，两个小家伙打了起来。妈妈阻止小颖说："你是小主人，应该让着客人。"

小颖哭着大声说："不对，这玩具是我的，她得听我的。"

妈妈蹲下来，看着小颖，说道："你和静静都喜欢这个布娃娃，是吗？"

妈妈观察小颖的反应，看她是否同意自己的说法。

妈妈看小颖没有异议，继续说道："如果她拿了布娃娃，你没有拿到，你会不高兴，是不是？如果你拿了布娃娃，但静静没有拿到，她是不是一样会不高兴？如果静静不高兴了，她还会喜欢和你玩吗？"

小颖想了想，认为妈妈说得对。她自己也希望静静玩得开心，于是就把布娃娃让给了静静。

小颖的妈妈站在孩子的角度引导小颖，让她轻松地学会了如何站在他人的角度考虑问题，也就是我们常说的换位思考。父母引导孩子学习换位思考时，需要站在孩子的角度看待问题。当孩子犯错误的时候，父母应该站在孩子的角度理解他们，并选择正确的表达方式与孩子沟通。当孩子与他人发生矛盾时，父母可以引导孩子从对方的角度去理解和宽容对方。

理解与宽容是具有可传递性的，父母给予孩子理解和宽容的同时，孩子也能够更好地学习如何体谅他人。

传授孩子与小伙伴和解的绝招

佳佳与小美是同班同学。因为两个人的家住得非常近，所以上学的时候常常会结伴而行。

一早上，佳佳在小区门口等小美的时候刚好遇见了同学小影。两人等了一会儿还是不见小美的踪影。上课的时间快到了，为了避免迟到两人决定先出发。两人到了学校，但是班级里并不见小美的身影。等了一会儿，就看见小美气鼓鼓地走了进来。佳佳刚想上去跟小美讲话，小美理也不理地就走掉了。小美看起来很生气，佳佳便想去跟小美解释，可又不知道该怎么开口。下午放学，小美提前收拾好书包，离开的时候也没有同佳佳打招呼。佳佳很伤心，也很生气。

过了几天，佳佳与小美还是谁也不理谁。两个人的矛盾让佳佳感到困扰。她也不知道该怎么办。于是，佳佳回到家里就跟妈妈说了这件事，佳佳妈妈以为只是小孩子之间闹的小矛盾，也没有认真地听佳佳讲话，只是敷衍地回答道："没事，过几天就好了。"

佳佳和小美都没有理对方，两个人就这样僵持着。

佳佳闷闷不乐的样子持续了一段时间，妈妈才意识到女儿真的遇到了自己不能解决的问题。

佳佳和小美之间的矛盾是由一件小事引起的。佳佳和小美没能及时采取合适的方法解决矛盾，导致两人的问题越来越严重。如果孩子出现了像佳佳一样的状况，不知道如何处理与他人的矛盾时，父母要给予正确的指导，帮助孩子走出困境。

孩子之间产生矛盾是其交往过程中的正常现象。孩子的年龄小，容易出现以自我为中心的情况。遇到问题，她们难以控制自己的情绪。另一方面，小孩子的表达能力欠缺，容易与他人产生矛盾。

当孩子与他人发生矛盾的时候，是他们学习如何与他人相处的机会。孩子与他人发生矛盾不可怕，可怕的是矛盾得不到合理的解决。这样会对他们的心灵造成伤害，不利于孩子的身心健康。

孩子间发生冲突，父母要坚持就事论事的原则。父母可以选择让他们自己叙述事情的经过。根据具体情况判断是否需要父母介入。如果父母帮助孩子解决矛盾，切忌不要一味袒护自己的孩子。父母可以引导自己的孩子先自省，反思自己的错误。同时鼓励孩子与他人加强沟通，学会用成熟的态度处理人际关系。

父母可以采取以下做法：

1. 引导孩子遇事先自省

当孩子与朋友发生矛盾时，父母要引导孩子对自己的行为进行反省。父母可以采取与孩子聊天的形式，聆听孩子的真实想法。父母可以鼓励孩子将他自己与朋友发生矛盾的完整过程叙述出来。父母与孩子交流的过程中要提醒孩子正视自己错误的行为。这样的做法可以让孩子意识到在别人伤害他们的同时，他们自己也对别人造成了伤害。父母与孩子交流的过程中可以引导孩子自省。父母要告诉孩子，勇于正视自己的错误，不要因为害怕面对自己的错误而选择逃避，只要真诚地向朋友道歉就可以获得朋友的原谅。

2. 教育孩子待人要宽容

如果孩子与他人发生矛盾，父母需要提醒孩子宽容地对待他人。对他人多一些包容才能建立良好的人际关系。父母要告诉孩子多站在他人的角度考虑问题。对他人的缺点、错误给予充分的理解。父母可以通过讲故事的方式，引导孩子宽容体谅他人，让孩子在丰富知识的同时，学会宽容对待他人。

在日常生活中，父母可以鼓励孩子参与各种各样的实践活动，在不同的实践活动中扮演不同的角色。比如：让孩子利用星期休息时间帮助父母做家务，体验父母的辛苦；鼓励孩子参与角色扮演的游戏，让孩子体验每种角色的不同生活。在这些活动中，让孩子学会换位思考，做到遇事宽容他人。

3. 帮助孩子与朋友多沟通

朵朵家的小区里有个小公园。朵朵与隔壁的菁菁经常一起在里面玩耍。

这个周末朵朵决定把自己那个漂亮的蝴蝶风筝拿出来玩。菁菁看到如此美丽的风筝也很喜欢。

菁菁很想试一试，但是朵朵只顾着自己玩，不与菁菁分享。

菁菁走过来问朵朵：“朵朵，可不可以给我玩一会儿？”

朵朵说：“我还没玩够呢，等我玩够了再给你玩吧。”

朵朵的小气让菁菁很不开心，于是就先离开了。

之后的日子，朵朵很想去找菁菁，可是菁菁始终都不理朵朵。朵朵不知道该怎么办，便向妈妈求助。

朵朵妈妈了解经过后帮助朵朵分析菁菁生气的原因，朵朵也认识到了自己的问题。妈妈就与朵朵商量邀请菁菁来家里玩，并且也给菁菁买了一个同样的风筝。两个小伙伴把心结解开后，又开心地玩在一起。

无论是成年人还是孩子，都需要通过沟通的方式解决问题。当孩子与朋友发生矛盾时，父母要提醒孩子沟通的重要性。孩子在沟通的过程中可以与朋友交换各自的想法，增强孩子对彼此的理解。

父母可以为孩子创造与伙伴沟通的机会。比如征得孩子的同意后，在家里举办小型的聚会，邀请孩子的朋友们来家中做客。父母可以为孩子准备一些小礼物，让孩子送给朋友表达自己对朋友的喜爱之情。让孩子学会用沟通的方式解决与朋友之间的矛盾。

父母礼待他人，孩子彬彬有礼

周日上午，小明与妈妈一起逛街。中午的时候，两人感觉有些累，就想找个饭店一边吃饭、一边休息。母子两人对周围的环境不太熟悉，便准备向路人寻求帮助。正巧迎面走来一位女士，小明妈妈礼貌地上前询问。

小明妈妈：“不好意思，打扰一下，请问您知道这附近哪里可以吃饭休息吗？”

小明和妈妈在那位女士的指引下来到了吃饭的地方。正值用餐高峰时段，餐馆里用餐的顾客很多。服务人员来来回回，忙得不可开交。小明和妈妈坐下有一会儿了，也不见有人来帮助他们点餐，小明的妈妈很生气。一会儿，服务生走过来，解释了原因并向他们表达了歉意，但是小明的妈妈还是不依不饶地指责服务生。

小明妈妈："顾客就是上帝，你们怎么可以这样对待顾客呢？"

服务生已经被训斥得面红耳赤的，小明的妈妈还是没有停止指责。小明不明白为什么妈妈对服务生的态度这么差。

小明妈妈说："因为他是服务生，为我们服务是他应该做的。他没有满足咱们的要求，所以妈妈对他吼是正常的。"

周一到学校去上课，正赶上保洁阿姨在擦地。小明没有看到地上的水，踩上去便滑倒了。同学们看到小明滑稽的样子便哈哈大笑起来。

小明恼羞成怒又不知道该怎么办，看见保洁阿姨后就大发脾气。"你是怎么干活的，地上这么多水你看不见吗？自己的本职工作都做不好，我要跟老师说你工作一点都不负责任。"同学们对小明的行为感到很惊讶。小明学习成绩很优秀，老师还经常让大家把小明当作榜样。不过，这一次小明对保洁阿姨的态度让大家很反感。

小明因为粗心，没有看到地上的水而摔倒。他却将自己摔倒的原因归结到保洁阿姨身上。不仅如此，他还对保洁阿姨大喊大叫。这种做法是不尊重他人的行为。这样的孩子会根据人们的穿着、工作等外在的因素将人简单地划分为不同的群体。他们对待不同的群体有着不一样的态度。

尊重他人，要有平等对待他人的态度。孩子应该像尊重老师一样尊重同学，像尊重自己的亲人一样尊重所有的长辈，常怀有一颗感恩的心去对待帮助过自己的人。

学会尊重他人对孩子来讲是十分重要的。尊重是双向的，孩子尊重他人的同时也可以得到他人的尊重。尊重他人能让孩子给他人留下容易相处的好印象，更容易获得友谊。

父母引导孩子尊重他人的过程中需要注意一些问题。首先，父母要做到尊重孩子，像尊重成年人一样尊重他们。其次，父母应言行一致。父母怎样要求孩子，也要用同等的标准要求自己。同时，父母帮助孩子学习尊重他人的时候，要注意方式方法。最好的方式是对孩子采取引导的方法，而不是将尊重他人的意识强加给孩子。强加于人的行为本身就不是尊重他人的行为。

针对这个问题，我们给出以下几点建议：

1. 尊重长辈，重中之重

周末，小红的妈妈带着小红回家看望自己的父母。小红妈妈对她要求严格，不允许她长时间看电视。每一次去姥姥家就成了小红看电视的好机会。她只顾着看动画片，没有跟长辈打招呼。妈妈看到后便把小红叫到了跟前。

妈妈说：“红红，姥姥姥爷很想你，你来了之后却只顾着看电视，这样做是不对的，你要多陪着他们聊聊天，如果你表现好的话，妈妈就允许你回家也可以看电视。”小红认识到了自己的行为是不礼貌的，便听妈妈的话去陪长辈了。从那之后每一次去姥姥家，小红一进门都会和两位老人礼貌地打招呼。

当孩子做出不尊重长辈的行为时，父母要及时纠正孩子的错误行为，让他们能够认识到自己的错误，及时改正。比如坐公交车时提醒孩子给老人和行动不便的人让座，有秩序地上下车。父母休假的时候可以多带着孩子回家探望长辈，提醒孩子见到长辈要主动打招呼；与长辈一同用餐时，请长辈先坐；与长辈分开时要主动告别。在外面，见到比自己辈分高的人更要以礼相待。

2. 礼貌待人，“请”、“谢”先行

星期天上午，小柏妈妈带着小柏去商场购物。小柏妈妈很中意一双鞋子，便找来导购。

小柏妈妈说：“您好，可以帮我拿一下这款鞋子吗？”

导购小姐说道：“好的，您稍等。”

小柏的妈妈试过鞋子后很喜欢，就决定买下。她对导购说：“鞋子我很喜欢，麻烦您帮我包一下吧，谢谢。”

小柏妈妈带着小柏走到了运动休闲专区，打算给儿子买一件运动衣，让他自己挑选。小柏看到了一件灰色的运动衣，对身边的导购说：“您好，可以把这件衣服拿给我试一下吗？”小柏试穿之后很合适，付完款导购将衣服递给小柏的时候，小柏礼貌地对他说了声：“谢谢。”妈妈看到小柏的表现欣慰地笑了。

“请”和“谢谢”是两个最基本的礼貌用语。父母要有意识地培养孩子用“请”和“谢谢”这类礼貌用语。父母可以告诉孩子与长辈沟通交流，或者请求他人帮助的时候要用“您”这样的尊称；当他人帮助自己的时候要记得表达谢意。孩子给父母帮忙的时候，父母也要对孩子说“谢谢”，这样可以帮助孩子养成使用礼貌用语的好习惯。

3. 相互尊重，互相监督

父母是孩子学习的榜样。当父母教孩子如何尊重他人的时候，自己也要做到言行一致。父母在要求孩子尊重长辈的同时，也要时刻将尊重长辈记在心间。父母与同事交往的过程中，要谦让有礼。在日常生活中，父母应同尊重成年人一样尊重孩子。在潜移默化中教孩子树立平等对待他人的意识。

父母与孩子可以以比赛的形式互相监督，寓教于乐。父母与孩子以比分的方式进行评比，双方做出不尊重他人的行为后相应地减分，任何一方指出对方的错误行为可以进行加分。父母可以设置一些奖项来鼓励孩子，提高孩子参加比赛的兴趣。

孤军作战力量小，与人合作求共赢

晨晨是一名小学二年级的学生。他和弟弟、邻居家的萌萌经常在一起玩。晨晨有很多玩具，但每次和伙伴们一起玩的时候，晨晨都不喜欢与大家分享自己的玩具。晨晨妈妈给他和弟弟每人买了一张拼图。晨晨和弟弟都很喜欢。

星期六上午，萌萌来家中找晨晨一起玩。

妈妈对晨晨说：“晨晨，昨天妈妈给你买的拼图，你想不想和萌萌一起玩呢？”

晨晨不作声，一副“我才不和他一起玩呢”的表情。

这时候弟弟对妈妈说：“妈妈，我想与萌萌一起玩我的拼图。”

妈妈笑着说：“好，那你们三个一起玩拼图吧。看看谁拼得更快。”

晨晨还是拒绝与伙伴们一起合作。弟弟和萌萌只好一起玩另一张拼图。两人只用了不足一个小时的时间就完成了一张拼图。晨晨看着自己只完成一半的拼图又气又急，说道：“我不拼了。”接着气鼓鼓地走到一边。晨晨的这张拼图拼到一半就半途而废了。

晨晨是一个不喜欢与他人分享、不善于与他人合作的孩子。弟弟与萌萌两个人合作，愉快地完成拼图了游戏。晨晨一个人赶不上两个人的速度，便失败了。所以与人合作是非常重要的。在日常生活中，有很多事情一个人是无法完成的。当孩子掌握与人合作的技巧时，能够使他更容易获得成功。

孩子在与他人合作的过程中可以锻炼与他人的沟通能力，以便与周围人更好地相处，获得良好的人际关系。不仅如此，善于与他人合作可以让孩子懂得与人合作，可以获得更多的发展空间。他们在学习生活中可以得到更多的发展机会。除此之外，合作还能够让孩子更容易获得成功，让他更加自信。

日常生活中，父母应鼓励孩子参与集体活动，让孩子在活动中认识到与他人合作的重要性。在合作的过程中，孩子与他人发生矛盾时，父母不要过早干预。父母用成年人的方式帮助孩子解决矛盾并不能让孩子真正学习到如何与他人相处。孩子可以在解决问题的过程中学习与他人合作的方法。父母还应注意引导孩子体会合作的益处，让孩子享受合作的快乐。

对于如何帮助孩子学习与他人合作，我们有以下几点建议：

1．利用身边的小故事培养孩子的合作意识

父母需要利用身边普通的故事帮助孩子树立合作意识。例如：可以给孩子讲“小蚂蚁的故事”。在蚂蚁家族中，每个蚂蚁的分工是严格并且复杂的。有的蚂蚁负责探路和寻找食物，有一些蚂蚁负责蚁巢的安全。每一个成员既不多做也不少做，任何一个环节都缺一不可。蚂蚁家族正是凭借每一个成员的合作精神才能生存下去。

吃饭的时候，父母可以用“筷子原理”告诉孩子合作的重要性。让孩子试一试只用一支筷子吃饭，再让孩子用两支筷子夹菜，先后进行对比。让孩子体会合作的力量。在日常生活中，父母可以让孩子与自己合作分担家务，从多个方面引导孩子树立与人合作的意识。

2. 利用游戏教孩子学会合作

周末上午，青青妈妈对青青说：“你和妈妈玩个游戏吧!”

青青听到可以玩游戏很高兴。

妈妈拿来一条绳子把青青和自己背对背捆在一起，然后在身体的两边各放一个水果。

妈妈对青青说：“游戏很简单，我们只需用最短的时间拿到水果。”

青青听了很自信地说：“这么简单。”

妈妈说：“那就试试吧!”妈妈一喊开始，青青就马上向她的一边跑，这时妈妈向另一边用劲儿，谁也不让谁，结果都没拿到。

妈妈对青青说：“你不是说很简单吗？”

青青生气地说：“那是因为你一直不配合呀！”

妈妈说：“那现在重来。”

于是又来一次，这一回妈妈没有给青青捣乱。青青很轻松地就拿到了两个水果。妈妈问青青：“从这个游戏中你受到了什么启发呀？”

青青说：“两人需要合作，才能更快地完成任务。”

妈妈赞赏地对青青竖起了大拇指。

父母可以利用陪孩子做游戏的方式引导孩子与他人合作。在做游戏的过程中，孩子可以认识到与他人合作的意义。父母需要让孩子玩一些需要多人协作的游戏，比如拼图、搭积木。父母还可以鼓励孩子积极参与集体性的体育活动，比如踢足球、打篮球、打排球等。在这样的活动中，孩子的团队精神以及合作能力都可以得到锻炼。

3. 父母可以教孩子合作的技巧

兰兰是班上的学习委员，她工作认真负责，学习成绩也很好。兰兰为此也很自豪。但她并不热心参与班里其他事物。她认为那些事不重要。很多同学对她有意见。为此，兰兰感到很难过。妈妈知道后告诉她要想把事情做好，就得与他人合作，相互支持。兰兰在妈妈的指点下，变得越来越友好。同学们也更加支持她的工作。

与他人合作是需要技巧与方法的。在合作的过程中，孩子与伙伴会经常出现意见不统一的情况。父母可以告诉孩子一些化解矛盾的小技巧。比如：可以用猜拳的方式决定采用谁的方案；或者采用轮流的方式让每一个人都有发挥的机会。父母需要告诉孩子与他人合作时要懂得谦让，多站在他人的角度考虑问题。孩子掌握一定的方法之后，与他人合作就会更加容易。

第十章 父母有理想，孩子有追求

父母有远大的目标，孩子也有上进心

王琳是一家事业单位的普通职工，刚参加工作时，她一腔热血，希望能在工作中有一番成就。每天她都是第一个上班，最后一个下班。回家后还会查阅大量的资料，看很多书籍，工作效率也很高。随着年纪的增长，王琳对工作的热情渐渐冷却。儿子出生后，她更是把大部分精力用在了孩子的身上。因为工作能力下降，领导不再给王琳布置难度大的任务，每天拿着基本工资，王琳却心满意足。

为了把儿子培养成才，王琳对儿子的学习要求很严格。但是儿子却没有兴致，每次回家总是匆忙地写完作业就跑出去玩了。别的父母都给孩子报课外辅导班，王琳也想给儿子报一个。她问聪聪：

“咱家小区开了一个课外辅导班，你的英语不太好，我们报一个英语辅导班吧。”

儿子一口回绝了妈妈：

“每天的作业已经够多了，我可不想再给自己增加负担。”

王琳对儿子说：

“你怎么这么没有上进心，别人想学还没有机会呢，你却主动放弃了。让妈妈怎么说你好呢！”

儿子仰起脸对王琳说：

“妈妈，你每天让我读书学习，但是我却从来没有见你读书学习过。难道只有我需要学习吗？”

王琳一下愣住了，她没有想到儿子之所以没有上进心，是因为自己没有给儿子树立一个很好的榜样。

上例中，王琳在日复一日的工作中渐渐失去了当初的激情和抱负，满足于现有的生活。虽然她对儿子的要求很严格，但是儿子并没有喜欢上学习，并且很排斥上辅导班。儿子的话点醒了王琳，正是因为自己对工作得过且过的态度影响了孩子。自己都不读书，又凭什么要求孩子多去读书呢？上进心是一种努力向前、想要有所作为的心理品质。孩子的上进心，其实就是一种积极进取的动机。

父母的行为对孩子上进心的养成有很大的影响。试想一下，在一个家庭中，如果父母每天只是满足于现有的工作，从不充实自己。平时在家总是看一些言情电视剧，聊的话题也是东家长西家短的闲事。孩子生活在这样的环境中，自然也会喜欢看电视而不喜欢学习。相反，父母如果一回到家里就开始看书，或者继续做自己的工作。从不看没有意义的电视节目，聊的话题也是时事热点或者工作进程，孩子耳濡目染，就会多看书，多关注新闻大事。父母有了远大的目标和理想，就会付出努力去实现它。孩子看着父母为了理想而奋斗，自己对学习的热情也会增加，从而增强上进心。

当一个孩子缺乏上进心时，就不会为自己设置目标，而没有目标就会失去前进的动力。比如学习不主动，只有当老师或者父母催促时才会学习。这样的学习效果是很不理想的。孩子的学习成绩自然也不会很高。遇到困难时，孩子第一个反应就是逃避，而不是分析产生困难的原因，寻找解决的办法，这样的处理态度只会让孩子渐渐失去应对困难的能力。

所以说，父母一定要在日常生活中引导孩子。比如以身作则，努力工作，给孩子树立一个榜样。久而久之，孩子就会为了实现自己的理想而努力学习，产生上进心。

如何激发孩子的上进心，有以下几点供父母参考：

1．父母可以通过考取职业资格证书提升自己的能力

每一个行业都有对应的考核标准和证书。父母如果想要在自己的工作中有所成就，考证是一个很重要的途径。比如有些父母从事财会类的工作，那么他可以选择考取中级会计师和高级会计师或者直接考取注册会计师资格。当孩子回到家里，看到埋头苦读的妈妈和辛苦工作的爸爸，潜移默化中，孩子的行为习惯就会改变。在这样的环境中长大的孩子，其上进心一定也会很强。

2．教会孩子制定目标

没有学习目标，孩子的学习就会变得漫无目的，时间一长，孩子就会变得不知道该怎么学习。这时父母就应该帮助孩子制定学习目标。

父母要结合孩子的基础和能力，从孩子的实际水平出发，为孩子制定出目的明确、要求具体、既符合实际又易于执行和操作的目标。当孩子的学习有了目标之后，孩子就可以向着目标前进，学习的效率会更高。孩子也能从中体会到学习的乐趣，变得更有上进心。不仅是孩子，父母也应该给自己制定生活和工作的目标，为孩子树立良好的榜样。

3．帮助孩子树立战胜困难的信心，从而让孩子产生上进心

“爸爸，这次英语小测验我又没有考好。”小进把一张英语卷子拿到爸爸面前，上面写着59分。看到爸爸在仔细研究自己的卷子，小进又说：“我觉得自己学习英语已经很努力了，可是分数还是不及

格，我都快没有信心了。爸爸，我是不是不适合学习英语啊？”

看着孩子垂头丧气的模样，爸爸心疼地说：“当然不是了，爸爸觉得既然你已经努力了，成绩却不理想，那一定是学习方法不正确。爸爸把自己学习的英语方法教给你，你试试看，等下次英语测验时看看成绩会不会提高，好吗？”

接下来的一个月中，小进用爸爸教的方法学习了英语。在最近的一次英语测验中，小进得了70分，他高兴地把成绩单拿给爸爸看：“爸爸，你看，我的英语成绩终于进步了，老师还表扬了我呢。我相信我以后一定能把英语学好，争取考到100分。”

上例中小进的爸爸发现孩子在学习中遇到困难时，及时地为孩子分析成绩一直没有提高的原因，之后爸爸教给孩子自己的学习方法，并最终帮助孩子将成绩提高，而且激发了孩子继续学习英语的上进心。心理学研究表明，失败的行为会使人产生消极退缩的情绪，而成功的行为容易使人产生积极上进的情绪。经常遭受挫折，上进心就会锐减，但如果经常能品尝到成功的喜悦，孩子便常常会为自己设置更高的目标，取得更大的进步。

帮助孩子树立近期目标

琳琳13岁，刚上初一，因为原来上小学时，自己的成绩总是在及格边缘徘徊，所以琳琳小学六年总是被同学们叫作差生。每次听到别人叫自己差生，琳琳都很伤心。她对自己说，以后上了初中我一定会好好学习，努力成为优等生。现在琳琳上了初中，班里共有50名学生，她给自己定了目标，第一次期末考试一定要考进班里的前10名，琳琳所在的初中每个月都会组织学生月考，这样有利于老师了解学生一个月的学习状况。

每次月考前琳琳都没有认真准备，她觉得自己的最终目标是期末考试，所以当其他同学都在复习月考要考的内容时，琳琳则在继续自学后面的内容，上课时也不再听老师讲课，因为老师讲的内容琳琳已经自学过了，她认为没有必要再听一遍。月考成绩下来了，琳琳考的很糟，由于没有及时复习，好多知识点并没有掌握得很扎实。琳琳心里想：没有关系，这只是个月考，等期末考试时我再复习就可以了。

就这样学习了一个学期，终于到了期末考试，成绩出来后，琳琳满怀期待地查看自己的排名，第25名。琳琳睁大眼睛又看了一遍，确实是第25名，琳琳有些不敢相信，虽然相比上次的30名进步了，琳琳却不明白为什么自己那么努力地学习了，成绩却还是那么差？原来期末考试中的许多题型在以前的月考中出现过，其他同学在听过老师的讲解后及时总结，避免了再次出错，而琳琳由于没有重视每次的月考，老师的讲解也没有认真听，所以成绩自然不会理想。

上例中的琳琳在学习方面只有期末考试这一个长远目标，而没有制定每天或者某一段时间具体的学习目标，从而导致自己在平时的学习中很盲目。月考本来是平时学习中一个很好的总结机会，也可以作为琳琳学习中的近期目标，但是琳琳却忽视了它。这种没有近期目标的学习方法会降低琳琳的学习效率，学习效果自然也会不理想。

很多孩子都和琳琳一样，有很多长远的人生规划或者目标，比如想要学习的专业，想要考上的大学，未来想要从事的职业，等等。

爱因斯坦曾说：“在一个崇高的目标支持下，不停地工作，即使慢，也一定能获得成功。”这个崇高的目标指的是长远的目标。相比近期目标，长远目标能够为孩子指引人生的大方向，奠定人生基调，尽管如此，我们并不能说近期目标就不重要。一个长远目标的实现绝不是几天几个月就能完成的，这其中就包含着几个甚至十几个近期目标。曾两度获得国际马拉松邀请赛冠军的日本选手山田本一，在他的自传中这样说：

“每次比赛之前，我都要乘车把比赛的路线仔细地看一遍，并把沿途比较醒目的标志画下来，比如第一个标志是银行，第二个标志是一棵大树……这样一直画到终点线。比赛开始后，我就以百米冲刺的速度奋力冲向第一个目标、第二个目标……四十几公里的赛程就被我分解成这么几个小目标轻松跑完了。”

在《荀子·劝学篇》中有这样一段话：故不积跬步，无以至千里；不积小流，无以成江海。其中，近期目标就是跬步和小流，而长远目标就是千里和江海。所以说帮助孩子学习制定近期目标是实现孩子人生理想的重要基础和前提。父母要让孩子养成制定近期目标的良好习惯，脚踏实地，才能最终获得成功。

如何帮助孩子树立近期目标，有以下几点供父母参考：

1. 教孩子把大目标分成一段段的小目标，逐个实现

小江是个可爱聪明的小男孩，为了锻炼他的体质，小江的爸爸带

着他去参加了儿童的室内攀岩比赛。这是小江第一次接触攀岩。看着周围的小朋友都穿着攀岩服装并带着专业护具，小江觉得好玩极了，连忙催促爸爸要参加。

当小江准备就绪，站在岩壁下面时，才发现面前的岩壁好高啊，虽然心里有点害怕，但是好奇心还是战胜了恐惧，随着哨声响起，孩子们纷纷爬上了岩壁。小江也开始向上爬，一个、两个……小江觉得越来越难往上爬了，于是他往下看了一眼，看着自己离地面那么高，小江一下子哭了出来，并对着下面的人群喊着：

“爸爸，我好害怕啊，我不敢上去了。”

小江的爸爸连忙跑到岩壁的下面对着儿子喊道：

“江江，你照着爸爸的话做，抬起你的左脚踩着上面的突起，别管上面还有多远才能爬到，你现在就看着离你最近的岩点，然后一点点往上爬，现在把你的右脚也踩着上面的岩点，然后整个身体向上移动。”

小江按照爸爸的指令，一个岩点一个岩点地往上爬，最终爬到了岩壁的最高处。

上例中小江的爸爸在孩子面对难以到达的岩壁顶端时，帮助孩子把攀岩的过程分成一个一个攀爬岩点的过程，不仅削减了孩子的恐惧感，而且让孩子最终完成了目标。长期目标很难实现，但是近期目标却比较容易实现。当孩子完成一个近期目标后，就会产生自信心和成就感，这样孩子就会有动力去完成之后的目标。这样一个个小目标实现之后，就会完成最后的长远目标。

2. 帮助孩子制订学习计划

制订学习计划其实就是帮助孩子在学习方面制定一个近期目标。因为不同的学科有不同的学习特点，所以在制订学习计划时也要针对不同的学科制订不同的计划。可以先为孩子制定一个总的学习目标，比如语文方面要提高孩子的作文水平，数学方面要让孩子掌握某一种题型的计算方法，英语方面要提高孩子的口语能力等。接着可以针对每个科目的总目标来制订具体的计划。语文方面，给孩子规定每天读一两篇满分作文，并试着写一些读后感；数学方面，每天给孩子布置一两道计算题，先从某一种题型的简单题目开始练习，等孩子会计算简单的题目后再逐渐加大难度；英语方面，多带孩子参加学校里的英语角，鼓励孩子多发言。

让孩子每天都进步，不仅可以增加孩子在学习方面的信心，也可以提高孩子的学习效果。

3. 督促孩子完成计划，并经常检验结果

只有计划远远不够，孩子天性爱玩，做事也有一定的惰性，从一定程度上说，孩子做事通常只有三分钟的热度，计划实施的前几天，孩子或许可以按照计划执行，但是时间长了就难免会偷工减料。所以父母应该时常督促孩子要按时完成计划，并教育孩子做事一定不能虎头蛇尾。

一段时间之后，父母可以通过简单的小测验来检查孩子学习的成果，这也是对孩子的一种激励。

鼓励孩子强化自己的梦想

王元14岁，是一名初二的学生。由于性格内向，平时在班里，他总是独来独往，很少与同学们玩耍。朋友不多的他每天放学后就回到家里待在自己的房间中，要么听听歌，要么看看电影。

有一次，王元看了一部讲述几位年轻人追逐音乐梦想的电影，主人公对音乐的痴迷和热情让王元一下子觉得找到了自己想要的东西。于是，他求着妈妈给他买了一把最普通的吉他。平时只要一有时间他就躲在房间里练习，没有老师，他就买了一本琴谱自学。

王元把时间都花在练琴上，学习成绩一落千丈，爸爸妈妈为此很着急。

这天晚上，刚吃完晚饭，王元就回到了自己的房间。爸爸生气地推开门对王元说：

“每天不好好复习功课，就知道在屋里弹你的吉他，今天的作业写完了吗？”

“没有。”王元低着头回答道。

“那就先去写作业，我一会儿检查。”爸爸说完就去外面看电视了。

第二天中午，王元刚把书包放下就直奔卧室，却发现平时就放在床边的吉他不见了。他转身就往厨房走去。

“妈，我的吉他怎么不见了？”王元问正在做饭的妈妈。

妈妈放下手里刚洗的菜想了想对王元说：

“哦，你爸上午回来的时候拿走了，等他回来了问问他。”

临近12点，爸爸才回来。不等爸爸换上拖鞋，王元就迫不及待地问他：

“爸，我的吉他呢？”

爸爸看着王元说：

“我的一位同事最近也想学吉他，我就把你的给他了。有了吉他你就不好好学习了，不如给别人。考大学才是你应该走的路，搞什么音乐，那是你该想的事吗？”

王元听完后生气地跑回房间。

本来就性格内向的王元从此以后更加孤僻了，没有了吉他，他的学习成绩依旧很糟糕，同爸爸妈妈的关系也变得紧张起来。

上例中，当性格孤僻的王元把音乐作为自己的梦想并打算为之努力的时候，却遭到了父母的反对。爸爸只看到了音乐对王元学习上造成的不好影响，而忽视了孩子精神上的需求。对于孩子的梦想，爸爸不仅没有鼓励，反而不断阻挠并把孩子的吉他送给了别人，直至让孩子放弃了自己的梦想。

这个例子中，爸爸认为孩子的理想就应该是好好学习考上理想的大学，当孩子的选择和自己的意愿不符时就认定孩子的选择是不正确的。其实，孩子们选择的理想大部分是基于自己的兴趣爱好，如果父母强行让他们改变理想，就会违背孩子本身的意愿。孩子虽然年龄较小，但是也有自己的梦想。梦想不仅对孩子有很大的激励作用，也让孩子有了前进的目标。所以父母要适当鼓励孩子追求梦想。

理想只是一种设想，要想实现它还需要不断地实践。当孩子发现自己的理想和现实生活相矛盾时，父母可以帮助孩子一起克服现实中遇到的困难，并告诉孩子，要想把理想变为现实，就要付出更多的努力。

所以说，孩子每一步的成长都离不开父母的鼓励，对于他们来说这种鼓励是继续追求梦想的动力。

如何鼓励和强化孩子的梦想，有以下几点供父母参考：

1. 父母不能打击孩子追梦的信心，而要教孩子学会坚持梦想

辉辉10岁，上四年级。不同于其他顽皮的小男孩，辉辉是个很文静的男孩。每次下课以后，当别的男生都冲出教室去操场踢球时，只有他一个人捧着一本课外书津津有味地看着。

一次上语文课时，老师让大家说说自己有什么梦想。有的小朋友说想当科学家，有的则说想当大明星。当辉辉站起来时，他对老师说自己的理想是当一名宇航员。有个小朋友问他什么是宇航员，辉辉说：

"宇航员就是能进入太空的人。"

大家听后笑了，都说辉辉是在做梦，根本不可能办到。辉辉伤心极了，回到家后，他把这件事告诉了自己的爸爸。他问爸爸：

"爸爸，我是不是做不成宇航员啊？"

爸爸对他说："当然能做了，每个人只要努力都可以进入太空。电视上那些太空员也是从小男孩慢慢长大的，只是他们一直在坚持自己的理想，所以最后才能成功。"

爸爸和辉辉一起去书店买了许多关于太空的书籍，并带着他参观航天馆。看完以后，辉辉对爸爸说：

"爸爸，我也会努力和这些叔叔一样进入太空的。"

上例中当辉辉说出自己的理想后，尽管很难实现，爸爸也没有打击他的信心。而是鼓励他继续努力，并带着他参观航天馆，了解航空的发展史，并最终让辉辉敢于追逐自己的梦想。梦想的实现是需要孩子付出很多努力的，而父母也要对孩子进行适当的鼓励，让他们在追梦的过程中充满

信心。另外，就是和孩子一起了解实现梦想需要学习哪些知识以及具备哪些技能。任何事情的成功都离不开坚持不懈地努力，父母要给孩子讲述坚持在实现梦想过程中的作用，并督促孩子去努力完成。

2. 帮孩子分析自身优势，选择最适合自己的梦想

不管孩子的理想是否会改变，父母都有责任去引导孩子未来的人生方向。这里所说的引导并不是让父母直接告诉孩子应该做什么。如果孩子对父母建议的职业方向不感兴趣，就及时转换话题，而不是重复唠叨。

每个人都有自己的优势和天赋，孩子也不例外。父母平时可以多和孩子聊天，了解孩子最感兴趣的是什么，及时发现孩子的长处。知道孩子擅长的领域后，父母可以为孩子提供几个职业方向的建议，并告诉孩子这些职业的工作性质是什么，需要哪些知识储备，未来的收入会怎样，等等。这样可以增加孩子对职业选择范围的了解，同时提高孩子的人生方向感。

3. 帮助孩子制订计划，使孩子的梦想更容易实现

兰兰是初二的学生，因为从小就喜欢英语，每次考试，兰兰的英语成绩都名列前茅。最近她还要代表学校参加市里举办的中学生英语演讲比赛。

由于很清楚自己在英语学习方面的天赋，兰兰很早就给自己确定了目标，当一名英语翻译。当兰兰把自己的想法告诉妈妈后，妈妈并没有急着对孩子的梦想发表看法。她找到自己一位从事翻译多年的朋友，让她给兰兰讲解了作为一名翻译需要具备哪些条件。和妈妈的朋友聊完后，兰兰对妈妈说：

“妈妈，我以前觉得当一名翻译只需要英语很好就可以了，今天

我才知道，原来成为一名翻译不仅需要熟练掌握英语，还需要有扎实的汉语语言功底和丰富的历史知识。”

妈妈让兰兰坐在沙发上对孩子说：

“任何梦想都不是那么容易就能够实现的，现在你还想要实现你的梦想吗？”

兰兰坚定地点点头，妈妈接着说：

“妈妈觉得，你可以把实现梦想的计划写下来。比如先按时间划分成初中、高中、大学这三个阶段，然后再写出你每个阶段里要达成的目标。这样就可以把大的梦想变成一个个小的梦想，这样一步步来，是不是会更容易实现呢？”

兰兰对妈妈说：

“妈妈，我现在就去写计划。”

此后的时间里，兰兰一直按照自己的计划执行，每天朝着自己的梦想目标前进。

上例中，兰兰的妈妈在知道孩子的理想后，首先让孩子对自己的理想有一个宏观的认识；其次在理想的实现上，兰兰的妈妈帮助孩子把大的目标细分成一个个更易实现的小目标。这种做法不仅让孩子在每个阶段都有明确的目标，而且当孩子完成一个小目标后就会更有信心。所以说，把孩子的梦想细化，可以将大的梦想变成阶段性、短期的小目标；而将孩子的梦想具体化，可以让梦想从单纯的空谈进入实际的行动。有了近期的目标和行动指导，孩子的梦想就会更容易实现。

把握机遇，孩子成功的概率更高

张强和乔宇是初二的学生，两个人平时关系很好，并且都是班里的尖子生。乔宇的爸爸是一名商人，在商场中摸爬滚打许多年，现在已经小有成就。商场中的机会总是稍纵即逝，正是因为善于把握机遇，乔宇的爸爸才一步步把生意越做越大，所以他经常教导乔宇要抓住生活和学习中的机会，取得进步。张强的爸爸是一名公务员，每天朝九晚五地上班。虽说工作了好几年，却一直没有得到晋升。单位里其实有许多可以晋升的机会，只是每次领导给张强爸爸安排下任务后，他总是以各种理由推脱。张强在爸爸的影响下变得不擅于把握机遇。老师每次要求他做一些事情时也总是拖拖拉拉。

张强和乔宇的学习成绩很好，但是却都不喜欢学习英语，每次上英语课也不认真听讲。班主任老师知道后决定想办法提高两个人的英语成绩。

这一天，班主任先把张强叫进了办公室，她对张强说：

“咱们班一直没有英语课代表，最近英语老师比较忙，我想让你当英语课代表，平时帮老师收发一下同学们的作业。你觉得怎么样？”

张强挠了挠头，一脸为难地说：

“老师，你也知道我不喜欢学习英语，而且我最讨厌收作业了，每次都要浪费好多时间。咱们班有不少同学的英语成绩比我好，不如让他们来当这个课代表吧。”

班主任让张强回去后又把乔宇叫了进来，她把之前和张强说的话对乔宇说了一遍。乔宇听完以后想了想说：

“老师，虽然我的英语学得不太好，不过既然您给了我这个机会，我就努力试一试吧。”

于是乔宇成了班里的英语课代表。

作为课代表，乔宇认真履行了自己的职责，每次在收同学们的作业之前，乔宇都会先检查一下自己的作业。上课时也格外认真。而张强则和原来一样，上课不认真听讲，老师提的问题也不会。这次的期末考试，乔宇的总成绩比张强高了十几分，一下成为班里的第一名。原来在担任课代表的期间，花在学习英语的时间上增加了许多，乔宇的英语成绩比原来提高了很多。

上例中，张强和乔宇受各自家庭的影响，在面对同一个当英语课代表的机会时，张强觉得会耽误时间而选择了放弃，乔宇却决定尽力试一试。虽然乔宇得花很多时间去收同学们的作业，但是为了给学生们起带头作用，乔宇的作业质量比原来提高很多。为了应对老师上课时的提问，乔宇也比原来认真了许多，无形中提高了乔宇的英语学习能力，并最终让乔宇在期末考试中取得了很高的英语分数。而张强则因为放弃了这个机会导致自己的英语成绩停滞不前。由此可见，在一个家庭中，如果父母善于把握机遇，在他们的影响下，孩子也会变得更有心。

孩子的年龄较小，生活阅历也很少，在很多机遇面前并不知道该怎么做。有时候对于很多有难度的挑战，孩子就会选择逃避，这其实是错过了一个可以提升锻炼自己的机会。所以父母这时就应该对孩子进行适时的引导，教孩子学会把握机会。

对于机遇，居里夫人曾说：“弱者等待时机，强者创造时机。”机遇不是等来的，而是要主动去寻找的。所以父母一定要教育孩子并让他们懂得如果学不会把握机遇，那他的一生都有可能耗费在等待机遇中。其实如果仔细观察，我们的生活中是存在很多机会的。父母要多培养孩子抓住机会的意识和能力，更要以身作则，为孩子树立良好的榜样。比如单位组织的一次比赛，如果父母有艺术才能就可以参加歌唱比赛或者舞蹈比赛；如果父母有体育才能则可以参加羽毛球、乒乓球之类的比赛。又比如，领导安排的任务，要保质保量地完成，并积极争取难度更大的任务，增强自己处理业务的能力。父母的实际行动是对孩子最好的引导，在这种家庭环境下成长的孩子，也会像自己的父母一样勇于展示自己，抓住机遇。

所以，教孩子学会把握机遇，不仅有利于培养孩子诸多的优秀品质，而且可以拓宽孩子的眼界，锻炼孩子的胆识，让孩子变得更有能力。

如何教孩子学会把握机遇，有以下几点供父母参考：

1. 多留意身边的小事，寻找可能存在的机遇

李颖的儿子峰峰上小学六年级，其他科目的成绩都不错，唯独数学比较差。李颖希望老师能多叫自己的孩子回答问题，这样可以让孩子上课更集中精神，可是老师大多喜欢叫数学成绩好的同学，于是，

她想了一个办法。

第二天晚上，她把峰峰叫进卧室对他说：

“峰峰，你们数学老师是不是经常在黑板上写板书呢？”

“嗯。”峰峰回答道。

“那你有没有看到老师每次擦完黑板用什么擦手呢？”妈妈接着问。

“我记得老师只是把两只手拍一拍就继续上课了。”

妈妈把一包湿纸巾放在峰峰的手上对他说：

“那你明天上数学课的时候把这包纸巾放在老师的讲桌上，等老师擦完黑板后让老师擦擦手，知道了吗？”

第二天，峰峰照着妈妈的话做了。数学老师本来很少注意到这个成绩中等、个子小小的男孩，但是全班只有他一个人为自己准备了擦手的湿纸巾。于是，以后每次上数学课，老师都会叫峰峰回答问题，进行完随堂小测验后也会把峰峰叫到办公室，给峰峰讲解出错的题目。就这样，峰峰的数学成绩越来越好，渐渐成为班里的尖子生。

例子中李颖利用上课中很少有人注意的小事成功地让数学老师注意到自己的孩子，为孩子赢得了机遇并最终提高了孩子的数学成绩。生活中的平凡小事往往潜藏着许多机遇。我们发现许多人之所以会成功，其实就是比别人多了一双能发现蕴含在平凡生活中的机会的眼睛。

2. 父母要打好平时的基础，时刻准备迎接机遇

俗话说机遇只青睐于有准备的人，是因为只有准备好了，才有能力应对到来的机遇。所以，父母如果想更好地抓住机遇就必须先打好自身的基

础。那么如何打好基础呢，首先父母必须具备某一方面的技能。比如有的父母文艺细胞比较好，平时可以多加练习，避免生疏。单位举行晚会时，父母就可以积极参与进去，或是弹弹琴，或是唱首歌，不仅贡献了自己的一分力量，更让领导和同事看到了自己的才艺。以后如果还有类似的机会，领导就会第一时间想起你。只有能力还不够，父母还需要拥有敢于展示自己的勇气。有的父母因为羞于表达，就会错失很多机会。所以在平时的工作中，一旦发现有自己的用武之地，父母就可以毛遂自荐。父母如果积极地把握机遇，孩子也会渐渐敢于表达和展现自己。

3. 鼓励孩子利用自身优势抓住机遇

小薇有着一副甜甜的嗓子，以前小学时每次上语文课，小薇总是被老师点名朗读课文，上了初中，语文老师不再要求同学站起来读课文，小薇的好嗓子一下没了用武之地，她有点失望。

有一次，她看到学校的通知墙上新贴出一张通知，上面写着学校广播站要招收一批新的播音员，欢迎广大新生报名。回到家后，小薇把这件事告诉了父母。知道自己的女儿很喜欢播音，只是胆子太小，妈妈就对小薇说：

“孩子，你有着非常好的嗓音条件，正是做播音员的最佳人选，妈妈支持你去参加。”

“可是，我害怕，万一我没有选上呢？”小薇对妈妈说。

妈妈温柔地对孩子说：

“如果没有选上也没有关系，至少你有了一次宝贵的经验啊。等到下次再遇到这样的机会你是不是就比其他同学有经验了呢？而且现在你最应该做的是多加练习，争取抓住这次的机会，对不对？”

小薇在妈妈的鼓励下递交了报名申请，面试中小薇嗓音悦耳、大方得体，最终得到了广播站老师的肯定，成为校广播站的播音员。

例子中小薇的妈妈很清楚自己的孩子有着非常好的嗓音条件，所以她鼓励孩子参加播音员的应聘，并最终使孩子获得了这次机会。每个孩子的特点是不一样的。父母一定要善于发现孩子的优势，并鼓励孩子在自己有优势的领域继续发展。这样不仅可以培养孩子的自信心，也提高了他们的能力。

孩子的领导意识需要从小培养

小杨刚上初中一年级，从小学升入初中，不仅换了学校，连周围的同学也是陌生的。开学第一堂课，老师说先让大家互相熟悉熟悉，一周以后再定班干部的名单，但是先找了班级负责人暂代班长一职。小杨以前从没当过班干部，现在也没有这个念头。他依然埋头读书，希望能实现考入重点高中的梦想，这样距离自己梦寐以求的重点大学就更近了。在新的一周里，同学们都介绍了自己，大家互相熟悉了，也交了新的朋友。小杨的妈妈希望小杨能当班干部，锻炼一下自己的领导能力，但是小杨却一点兴趣都没有，对此漠不关心。

老师通过一周的时间观察了班里的同学，认为成绩不错的小杨能够成为大家学习的榜样，而且小杨做事情也很细致，老师非常喜欢他。班主任在私下找小杨谈话：“小杨，老师认为你很优秀，想让你当咱们班的班长，你有什么想法吗？”

小杨很惊讶，急忙回答老师说：“老师，我以前从来没有当过班干部，没有这方面的经验。而且，我认为当班长会占用我很多时间，您还是找别的同学吧！”

老师只得尊重小杨的意愿，找了别的同学当班长。小杨的妈妈对小杨的行为很苦恼，在班里担任班干部对孩子的能力提升帮助很大，可惜小杨却放弃了。

上文中小杨拒绝当班里的班干部，最主要的原因是小杨自信心不足。如果小杨能够将班干部工作和自己的学习进行合理安排，既能完成学习任务，又能锻炼自己的班级管理能力，一举两得。小杨妈妈惋惜小杨失去了一个好的机会，却没有反思自己对小杨的教育中存在领导能力培养缺失的问题。孩子缺乏进取心、责任心，不会主动要求担任班干部。

现在独生子女较多，父母过度以孩子为中心会导致孩子为他人服务的意识减弱。人们对现在的孩子评价大多是自私、任性、不合群、没有团结意识，这是因为孩子在上学时还有小伙伴一起玩耍，回家之后只能面对父母和爷爷奶奶，小小年纪就变成了小宅男、小宅女。这样的现状也从侧面反映了家庭中培养孩子领导能力的重要性。

我们说一个好的领导者，必须具备强大的自信心，灵活的应变能力，综合的分析能力，合理的安排能力，强烈的责任感以及良好的沟通能力。而孩子若想在一个班级中脱颖而出，也同样应该具备这样的能力。当一个孩子拥有这些能力时，会在同龄孩子中脱颖而出，使同伴对其产生亲切感、信赖感和佩服感。这样不仅能对班级作出贡献，孩子也会以更高的标准来要求自己，使自己成为更优秀的人。

父母可以从以下几个方面对孩子的领导能力进行培养：

1. 帮助孩子树立自信心

好的领导者通常具备强大的自信心，在面对事情时冷静果断，相信自己的判断，相信自己的实力。孩子不想做班干部以及孩子担心自己做不好班干部，都与孩子的信心不足有关系。

新学期开始，老师委任媛媛为班里的卫生委员。媛媛很担心，一方面是自己以前从来没有做过卫生委员，另一方面是因为自己本来就是个不讲卫生的孩子，妈妈说了自己无数遍，自己还是做不到每天坚持洗自己的臭袜子。媛媛很忐忑，回家告诉妈妈自己这学期是班上的卫生委员，妈妈很吃惊，但是看到女儿紧张的样子，想了想对女儿说：“媛媛，你为什么担心自己做不好呢？”

媛媛回答说：“妈妈，我自己都做不好，怎么去领导别人呢？”

妈妈告诉媛媛：“媛媛，老师选择你做卫生委员是相信你能够做到，你看，你现在也认识到自己在卫生上面存在一些问题，只要你愿意改正就可以做好，妈妈可以帮助你。妈妈也相信你能够把班里的卫生搞好的，咱们一起努力好不好？”

媛媛边用力点头边对妈妈说：“妈妈，我现在非常有信心能做好！”

上例中，妈妈没有因为媛媛的卫生问题质疑她做不好卫生委员，而是鼓励媛媛能够做到，帮助媛媛树立了信心。孩子有了信心就已经成功了一半。父母让孩子明白，在领导别人时如果自己做出表率、榜样，别人才会信任他，工作才能做好。

2．鼓励孩子参加群体活动

让孩子参加群体活动，使孩子和别人的交往中将自己从“自我中心”中解放出来。参加集体活动，大家作为一个整体，互相之间团结协作，一起快速地完成目标，这对孩子锻炼提高很大。

孩子在与同伴的交往中难免会发生冲突，父母要考虑干预的手段。在了解冲突发生的原因后，选择让孩子自己处理问题。身为当事人，孩子更有发言权，当孩子在讨论中学会倾听别人的意见，综合多方面的意见和观点做出决定时，他就已经具备了解决问题的能力。

3．增强孩子的沟通能力

李芳是班里的班长，学校要举行秋季运动会。每年到这个时候，班主任李老师都特别头疼，因为现在的孩子都太安静了，班里连参赛人数都凑不齐。李老师对李芳说：“咱们班同学都不爱运动，但是比赛必须参加，不论身份是运动员还是后勤人员，都得为班集体出一份力。”

李芳想了想，班里同学对参赛的积极性都不高，报名的人不多，看来只能选了。回到班里后李芳对大家说：“李老师说了，这次比赛项目都必须有人参加。有自愿参加的先来报名，没有报的项目咱们上体育课的时候进行测试，测试后再把名单报上去，大家重在参与嘛。

没有选上的同学也要参与到班级活动中来，充当后勤人员，搬搬桌子、拿拿衣服。大家身为班集体的一员，都要为我们这个班集体出一分力，参与到集体活动中来。”

在李芳和同学们的沟通下，最终确定了所有项目的参赛同学，也将后勤人员安排妥当。大家在运动会当天各司其职，也小有收获。大家合作紧密，也建立了深厚的友谊。

上例中，李芳在处理事情时，需要多方协调，不仅要具备清晰的思路，还要总结多方的意见得出最终的结果。沟通过程中，需要孩子掌握沟通技巧。在从老师处领到任务时，要首先和老师沟通，向老师请教一些建议和方法，并且将自己的想法告诉老师。在班里同学意见不一致时，可以选择民主投票，但是要将利弊向同学分析清楚。在日常的班级管理中，要随时倾听大家的想法，虚心接受大家的意见。

让孩子不要满足已有的成绩

琪琪上小学六年级，因为在上个学期的期末考试中取得了很好的成绩，她整个暑假都过得很开心。邻居们都夸赞琪琪是个聪明的孩子。爸爸妈妈也看在琪琪考试考得不错的份上没有给她报补习班。就这样，琪琪度过了一个轻松的暑假。

新学期开始了，琪琪上学期的成绩不错，也认为自己很聪明，不需要费多大力气就能取得好的成绩。因此，琪琪在老师讲课之前不认真预习功课，上课也开始走神。

下课后老师找琪琪谈话："琪琪，最近怎么了？暑假已经结束了，要把心放在学习上，你最近的学习态度不够端正，老师提醒你注意一下。"

琪琪听完很不放在心上，心想："我那么聪明，考试一定能考好。"仍旧我行我素，不认真听老师讲课，在课下做作业时难免眼高手低，看到会做的题就直接略过了。殊不知，琪琪错过了好多发现错误的机会，新的知识不能及时掌握，在学习过程中越来越吃力。到下次测验时琪琪开始着急了，每天学习到很晚，但是仍旧没有考出好成绩，排名也退步了不少。

上例中，琪琪是个聪明的孩子，但是取得一些成绩后开始自满。他人的夸奖更使琪琪内心产生了一种骄傲的情绪。这样的琪琪，学习退步是在所难免的。因此，孩子在学习中一旦缺少脚踏实地的钻研精神，仅仅停留在过去所取得的成绩中，不在新的学习过程中付出劳动与汗水，是不会继续进步的。我们说聪明、智商高的人只是比常人在学习新知识的过程中理解能力更强，接收得更快，但并不意味着聪明的人不需要学习就能掌握知识。在求学路上始终保持一颗谦逊的心，才能学到更多的知识。

父母在面对孩子取得好的成绩时，对孩子表扬过后，更要教给孩子不进则退的道理。只有将现阶段的学习方法运用到之后的学习中，孩子才能一直保持好的状态。

孩子只有时刻保持一颗上进心，不满足于眼前的成绩，这样才会不断进步，才能成就卓越人生。孩子以更高的标准要求自己，精益求精，才能够具备钻研的精神，保持严谨的态度。不满足现状的孩子不仅能在学习上进步，在生活中也会井井有条，合理安排自己的时间，将生活过得丰富多彩。

很多孩子容易满足，当取得一些成绩时被周围人一夸赞就自我膨胀，停滞在所取得的成绩上。父母应该引导孩子培养正确的态度，不被自满情绪包围，始终保持一颗上进的心。父母要培养孩子积极进取的精神，可以从以下几方面帮助孩子：

1. 父母要教育孩子保持一颗上进的心

李芳是个普通的学生，在班里成绩不上不下，而且长期保持这样的位置。妈妈观察李芳，发现李芳只有在成绩退步时才会努力。面对这样缺乏上进心的李芳，妈妈和她进行了谈话：“芳芳，你这次考试在你们班第二十名，成绩还算可以。但是仅仅保持这个成绩是不行的，妈妈去问了你们老师，以你的名次很难升入重点中学。如果你不保持一颗上进心的话，就会始终在这个名次徘徊，你想想怎么办？”

李芳认识到了事情的严重性，开始在学习上下功夫，顺利考进了重点中学。

上例中，李芳没有认识到持续进步的重要性，妈妈对她的谈话激发了她对升入重点中学的渴望，因而增强了上进心。有时候，孩子没有上进心是没有认识到事情的重要性，父母要适当提醒，帮助孩子树立目标，激发孩子的斗志进而挖掘孩子的潜能。这样孩子在取得一定的成绩之后仍会提醒自己"这不是终点，我仍然要努力"。唯有让孩子保持一颗上进心，孩子才能够忘记过去的荣誉，脚踏实地地钻研、进步。

2. 父母教育孩子在求学路上保持谦逊

"路漫漫其修远兮，吾将上下而求索。"求学路途漫长而艰辛。孩子若想取得好成绩，不仅要具备吃苦的精神，更要以谦逊的态度面对任何局面。如果孩子在取得一些成绩时就产生骄傲自满的情绪，那对之后的求学路是很不利的。孩子不仅认识不到新知识的重要性，更会忽视课前预习、课后复习，不认真对待老师的课堂讲解，只会使自己落后于他人。

孩子在求学路上保持一颗谦逊的心，会更认真地对待学习，时刻反思自己的不足，以谦虚的态度求教于他人，在每一阶段都能进步，这样才能成为优秀的人才。

3. 父母要帮助孩子全面发展

成成上初二，偏爱理科，不爱文学。每次考完试，成成的成绩单上总是分成两个极端，理科的成绩接近满分，文科的成绩则在及格线徘徊。爸爸妈妈为了让成成掌握比较全面的知识结构，就找来一些世界名著让成成阅读，一周上交一次读后感。每当成成读完一本名著时，爸爸妈妈就找到相关的影视剧让成成观看。这样不仅激发了成成阅读的兴趣，更提升了成成的文学素养。

上例中，成成轻文重理，为了能让成成全面发展，父母尽量采取轻松的方式激发成成的兴趣。每一个阶段，孩子取得的成绩都是暂时的。父母不能因为孩子一方面优秀就片面地认为孩子优秀。全面发展，综合能力强的孩子才能适应时代所需要。木桶只要存有一个豁口就装不满水，孩子的短处会制约他的发展，而补足孩子的不足才能让孩子容纳更多的知识。父母不仅要帮助孩子守住优势，更要帮助孩子改劣势为优势。